河合隼雄

人の心はどこまでわかるか

講談社+α《プラスアルファ》新書

はじめに

まず最初に、本書ができあがってきた経緯《けいい》について述べておきたい。

講談社の月刊誌「本」に「心理療法の現場から」という連載をした。最近は「心のケア」などという言葉が一般化したように、心理療法やカウンセリングということに対する関心が非常に高くなってきた。しかし、それに対する誤解も案外多く、誤解にもとづく批判や拒否も見受けられる。そこで、心理療法の現場では実際にどんなことが行われているかを、一般の人に知っていただきたいと思い、前記の連載をしたのである。

これは、心理療法家として活躍している中堅《ちゆうけん》の人で、その職場がいろいろと異なっている人を選び、自分の行っている心理療法の仕事を、私との対話というかたちで語ってもらったものである。内容は多様で興味深いものが多く、相当に好評だったので、二冊の書物として出版することになった（『閉《と》ざされた心との対話』『心にある癒《いや》す力 治《なお》る力』以上、講談社刊）。

ところで、対談を行った後で食事をしながら雑談をすることが多かったが、どうしても対談時の気分が続いていて、今度は対談した心理療法家から、いろいろと私に質問されることがあった。なにしろみんな熱心な人ばかり。それに本書を読んでいただくとわかるように、心理療法というのはいくら経験を積んでもわからないことが次々とある、という状態なので、これらの人が先輩の私に質問を浴びせかけてくる気持ちもよくわかる。

それらにそのときの思いつきで答えたり、言葉に窮《きゅう》したりしているのを傍で聞いていた、講談社の編集者、古屋信吾さん、猪俣久子さんが、そのような質疑応答を書物にしてみては、と発案された。それはおもしろい試みと思って賛成し、対談した方々に、あらたに質問を書いていただければ、とお願いすると、ありがたいことにみなさんが賛成して、本書に見られるような質問を早速寄せてくださった。

質問は質問する人の心理療法に対する考え方、職場や対象とするクライエント（相談に来た人）の状況などを反映し、多様でかつ心理療法の本質にかかわるものが多く、私は一読して答えを考える意欲を大いにかきたてられた。

本来なら質問者の一人一人とまた対話するべきと思うが、そうするといつ果てるともわからなくなるので、前述の古屋、猪俣両氏を聞き手として、私が質問に答えるのを録音し、文字化したものに再度目を通して手を加えたものが本書である。

心理療法は人間の「心」をあつかうものである。一部の人が考えるように、「こうすればこうなる」式の簡単なことは、まず通用しない。これは以前からよく言っていることだが、人間の心というものは二律背反《にりつはいはん》に満ちている。つねにあちら立てればこちらが立たぬ、ということになる。

クライエントがそのような二律背反の中に立ちすくみ動けなくなって来談するのだから、それにかかわる治療者もなんらかの意味で二律背反の中に取りこまれてくる。いったいどうすればいいのか。そのような感じがここにあげられた多くの質問の中に込められている。

Aか Bか、どちらにするか早く決めようとすると、Aもだめ、Bもだめということになる。ここで解決策なしとあきらめるのではなく、なぜ、どのように二律背反なのか、Aもいいところと悪いところがあるが、Bもそうだ、などとじっくりと温《あたた》め、あきらめずに立ち向かっていると、一筋の解決の道が見えてくる。そして、その道はクライエントと治療者の個性のぶつかりと輝きによって拓《ひら》けてくるので、そこには万人共通の方法はないのである。

質問をする人たちは、そんなことは百も承知だ。しかし、それでもなおかつ、ひょっとしてなにかよい方法があるかもしれない、考慮すべき条件で見逃していることがあるかもしれない、そんな想いの中から質問が生まれてくる。

本文中、川嵜《かわさき》さんへの答えのところにも書いたが、禅の「答えは問処《もんしょ》にあり」という言葉を私は好きである。質問者の臨床《りんしょう》経験を反映しつつ、各質問にはすでに答えが含まれているのだ。それでも、私は私なりに答えてみた。そして、おもしろいことに私の答えは、そこで終わるものではなく、あらたな問いを喚起《かんき》するようなものになっている。質疑応答は終わることなく続く。これが心というものである。

『人の心はどこまでわかるか』というタイトルも編集者のアイディアである。なかなかいい題だと思う。心理療法についての質疑応答なのだが、ここに書かれていることは、自《おのず》ら「心とはなにか、どうなっているのか」ということに深くかかわっている。それも当然のことで、心理療法というのが、人間の心を相手に格闘するものだからである。そして、どこまでわかるかというと、ほとんどわからない、というのが答えと言っていいほどである。

人間の心がいかにわからないかを骨身にしみてわかっている者が、「心の専門家」である、と私は思っている。そのわからないことをそのままに捨ておかず、つねにそれに立ち向かっていなくてはならないのはもちろんであるが。これに反して素人は「わかった」と単純に思いこみすぎる。というよりは、「わかった」気になることによって、心という怪物と対峙《たいじ》するのを避けるのだと言っていいだろう。

この書物はもともと心理療法をいかにするかという問題意識から出てきたのであるが、できあがってみると、心理療法に関係のない、心に関心のある一般の方々が読まれても、おもしろいものになっていると思う。治療者とクライエントの関係を、そのまま家族や職場の人間関係に移しかえることはできないが、それらを考える上でヒントになることが、相当にあるのではないかと思う。医療や福祉、教育などの分野になると、なおさらのことであろう。

それにしても、ずいぶんと楽しく、かつ意義がある仕事をさせていただいたと思う。質問を見て、その質問をした人との対談の内容や、人柄などを思い出しながら、「臨床談義」をしているという感じで話をしたが、あちこち脱線しているのも許容してくださるだろう。

心理療法というのは大変なエネルギーのいる仕事で、どうして自分はこんな苦しいことをしなくてはならないのだろう、と思うことさえあるが、ときにこのようなありがたい時間をもつことができて、バランスがとれるのだろう。

本書を読んで心理療法に興味をもたれた方は、前記の対談を収録した二冊の書物に目を通していただくと幸いである。もっとも、本書を独立させて、これだけ読んでくださってもなんら理解に支障《ししょう》はないものである。

対談のときはもとより、改めて真剣で興味深い質問を寄せてくださった方々に心からお礼申しあげたい。この企画によって、私自身も心理療法について大いに学ばせていただいたと感謝している。

このような興味深い発想による企画を考えだしてくださった、講談社生活文化第二出版部の古屋信吾、猪俣久子の両氏に心から感謝の言葉を申し述べたい。このお二人の努力がなければ本書は世に出ることはなかったであろう。多くの人々の好意と協力によって生みだされた本書が、わが国の心理療法の発展に寄与するのみならず、人と人との相互理解を深めることに役立ってくれると、著者としてまことに幸いと言わねばならない。

河合隼雄《かわいはやお》

●質問者一覧（五十音順）

石川敬子（カウンセリング・オフィス神戸同人社スタッフ）
岩宮恵子（スクール・カウンセラー）
岡田由美子（加古川市民病院小児科勤務）
角野善宏（精神科医、ユング派心理分析家）
川嵜克哲（学習院大学助教授）
金城孝次（平安病院医療相談室長）
酒井律子（京都市立永松記念教育センター相談課カウンセラー）
高石恭子（甲南大学助教授、学生相談室カウンセラー）
高野祥子（高知心理療法研究所所長）
徳田完二（北海道教育大学助教授）

野村二朗（東京家庭裁判所主任調査官）
橋本洋子（聖マリアンナ医科大学横浜市西部病院周産期センター勤務）
平松清志（山陽学園短期大学助教授）
三浦亜子（山王教育研究所スタッフ）
箕輪尚子（某企業ヘルスケアセンタ所長）
リース滝幸子（アメリカで個人開業しているユング派心理分析家）
渡辺雄三（渡辺雄三分析心理室を開業）

◉目次

第二章　日本人の心の問題

第三章　心との対話法

第四章 心がいま直面していること

第五章　心の影と闇、そして新しい発見

第一章　私が「人の心」に出会ったとき

アメリカに行くしかない

山王《さんのう》教育研究所のスタッフとしてカウンセリングをなさっておられる三浦亜子《みうらあこ》さんは、心理療法家としてのもっとも基本的な部分にかかわる点を問題にされていて、次のような質問を寄せられました。

「私自身、心理療法家として年数を重ねてくるにつれて、自分はなぜ臨床家になったのかということに対する答えが、当初に比べて変わってきていることを感じます。私の数倍の年月を続けてこられた先生はいま、なぜ心理療法家になったと思われますか」

私は、一九五二年に京都大学を卒業した時点では、将来、自分が心理療法の専門家になろうとは想像もしておらず、一生、高校の教師をするつもりでした。もともと人間というものが好きで、人を育てるということに興味があり、人間と人間がふれあう場所にいたいと思っていたからです。

私が高校教師になったころは、教師と生徒との関係が親密で、つねに会話がありました。向こうから話しかけてきたし、こちらからもよく彼らの間に入って、ともにテニスもしたし、人形劇もやったし、しょっちゅう一緒になにかしらやっていました。いま三浦さんが取り組んでおられるような、学級崩壊《ほうかい》、校内暴力、いじめ、不登校などといった問題は全然ない時代でしたが、みんなそれぞれ悩みはもっており、彼らはそういうことも教師のところに率直に相談しに来ていました。

そんな教師生活を送っていたのですが、もともと人間の、とくに心のはたらきというものに関心が強かったし、また、生徒たちからいろいろな相談を受けているうちに、臨床心理学の勉強をしなくてはならないと思うようになりました。

また、そのころ、先輩教師から、高校教師としてマンネリズムにおちいり堕落《だらく》するのを防ぐには、なんらかの意味で自分自身が進歩していないとだめだとの忠告を受けたのがきっかけで、高校教師をしながら京大の大学院に通って心理学を学ぶようになりました。だから、人の役に立ちたいというか、人を育てたいというか、そういう意識がまずはじめにあったと思います。

そのころ日本には、心理療法とか臨床心理学という分野はまだ未開拓で、アメリカの臨床心理学者カール・ロジャーズという人の考え方が入ってきていた程度でした。それがノン・ディレクティブ（非指示的）カウンセリング、つまり、クライエント（相談に来た人）に指示をしないで、相手の言うことを聴くことを主眼とした療法だったので、日本人にわりと受けいれやすかったのでしょう、少しずつ勉強する人も出てきていました。

ただ、私は、人間のこともよくわかっていないのに他人をカウンセリングするのがこわくて、まず人間を知るほうが先決と思い、ロールシャッハ・テスト（スイスの精神科医ロールシャッハが考えだした、インクの染《し》みのかたちがなんに見えるかによって、その人の内面を知ろうとする検査）の勉強をはじめました。ところが、たちまちこの虜《とりこ》になってしまって、ロールシャッハ・テストの世界的権威であるカリフォルニア大学（UCLA）のブルーノ・クロッパー教授の本などを読みふけるようになりました。

クロッパー教授の書いたものを一字一句おろそかにすることなく読んでいるうちに、彼が主宰《しゅさい》していた雑誌に掲載された論文の中にどうしてもわからないところがあったので、教授宛《あ》てにそのことを指摘する手紙を書いたところ、思いがけず返事が来て、これにはびっくりしてしまいました。なにしろ、相手はこの道の世界的な権威です。しかも、その返事の内容が、「君の指摘は正しい。この間違いに気づいたのは君が最初だ」というものだったので、私はすごく感激し、本格的に勉強するならアメリカに行くしかない、アメリカに留学してクロッパー教授のところで勉強しようと、そのときに決意したわけです。

一九五七年に京都大学で行われたアメリカ・セミナーも、私にアメリカ留学の決意をかためさせた要因の一つです。とくにそこでのミシガン大学のボーデン教授の講義は、私が考えていたよりずっと体系的、理論的なものだったので、カウンセリングにおいてそういうことが可能であるということがわかったのは、とても有意義でした。

留学にあたっては、クロッパー、ボーデン両先生のどちらの門を叩《たた》くかで迷いましたが、結局、クロッパー先生のほうを選んだのは、見も知らぬ日本人にあれだけ率直な返事をくださったという事実が大きく作用していたと思います。そして、もちろんそのときには自分でも気がついていませんでしたが、この選択が私がユング心理学を学ぶことにつながっていったのです。

クロッパー教授はナチスから逃《のが》れてドイツからアメリカに渡ってきたユダヤ人で、スイスの分析心理学者カール・グスタフ・ユング本人から学んだことのある、ユング派の学者でした。

ユング研究所で夢分析を受けた日

念願がかなって、フルブライト留学生として渡米し、クロッパー先生のもとで勉強することになったのですが、先生はけっしてロールシャッハ・テストだけをしていたわけではなく、その講義は、心理療法、臨床心理学全般についての深い洞察《どうさつ》に満ちたものでした。しかも、それがユング心理学を支えとしているものだということに気づきました。

当時、日本にもユングの翻訳書がちらほらと出はじめていましたが、最初は読んでもさっぱりわかりませんでした。クロッパー教授も、「ユングそのものを読んでもすぐにはわからないから、まずユングについて書かれたものを読みなさい」と言って、フリーダ・フォーダムの『ユング心理学入門』を推薦してくれました。さっそく読みはじめたところ、おもしろくてやめられなくなり、これこそ自分が求めていたものだと確信するにいたりました。

それまで自分が学んできた心理学は、実験心理が主流でしたが、私がほんとうに知りたかったのは人間の心です。その本によって、ユングが問題にしているのが、まさに人間の心そのものだとわかったのです。

ただ、読んでいるうちに、「分析家になろうとするものは、自らが分析を受けねばならない」という一文があり、これには強いショックを受けました。当時はこんなこともまったく知らなかったのです。

まず、自分も受けねばと思う反面、それで自分の欠点が露呈《ろてい》されたら、心理療法家には不向きな人間だという結論にならないかと、真剣に考え、悩みました。クロッパー先生の助手と雑談しているときにそういうことを話したところ、数日後に先生から電話があり、「君は分析を受けたいと思っているそうだね」と言われ、結局のところ、先生の弟子でチューリヒのユング研究所（一九四八年に設立されたユング派の研究所。分析家の養成も行っている）で資格を取って帰国したというシュピーゲルマン博士の分析を受けることになってしまいました。

シュピーゲルマン博士に会うと、私という人間をそのまま深く受けいれてくれるという感じだったので、すぐにこちらの不安も消えました。しかし、分析は主として「夢分析」であると聞いたときは、即座に、「夢のような非科学的なことは信用できない」と言いました。

私はもともと日本的非合理性、あいまいさなどが大嫌いで、西洋の合理主義、明快さを学ぶためにアメリカに来たのだという意識が強かったので、そこであいまいな夢などをもちだされたのではたまったものではないと思ったのですが、博士は即座に言いました。

「しかし、夢分析を経験したこともなくて、それを非科学的と言うのこそ非科学的ではないか。ともかく、少しやってみてから判断してみてはどうか」

これには私も返す言葉がありませんでした。

ところが、次の分析の日までに、私はまったく不思議な夢を見ました。それは長い夢でしたが、その中でハンガリーのコインを拾い、そのコインを見ると、仙人《せんにん》の肖像《しょうぞう》が描いてあるのです。その夢のことをシュピーゲルマン博士に告げると、博士は、「ハンガリーについて、君はなにを連想するか」と聞いてきました。

「ハンガリーというのは、東洋と西洋の間にあって、とくに音楽なんかには、非常に日本的なところがあるような気がします」

すると、博士は、こんなことを言いました。

「君は東洋と西洋の中間で、非常に価値あるものを拾いあげることができるだろう。そのときに、仙人であらわされているような老荘《ろうそう》の思想が非常に大事になってくるだろう」

いまにして考えてみると、まったくそのとおりになっているような気がします。私の心理療法の考えは中国古代の思想家、老子《ろうし》と重なるところが大きいです。

そのようにして夢の内容について連想を重ねていくと、自分の言葉が鍵《かぎ》となって、夢の様相が変化し、自分の重要な問題点と重なりあってくるのです。それは、ジグソーパズルの断片がピタリピタリとおさまって、絵が浮かびあがってくるようでした。

「初回夢」には本人の過去から未来にかけての展望を示す性質がありますが、私はその典型的な経験をしたようです。そのときの博士の言葉は、いまもはっきりと記憶に残っています。

しかし、そのような経験をしながらも、私はなお「ユング心理学の非合理性」についての攻撃を続けました。だから、シュピーゲルマン博士の分析の時間は、しばしば討論の場になりました。博士は私の抗議をいやがることなく、すべて正面から話しあってくれました。

そのときの、「君のものごとを疑う力の強さは貴重なものだから、一生なくさず、あらゆることを疑いつづけるといい」という博士の助言は、いまも私の支えとして生きています。

私がユング派の分析家になるまで

当時、私はクロッパー先生やシュピーゲルマン博士のことはほとんどわかりませんでしたが、向こうは私のことを完全に見通していたように思います。私がシュピーゲルマン博士の分析を受けて十回目くらいのときに、二人で相談して、ユング派の分析家になれということで、私をチューリヒのユング研究所に送ることを決めたのですから。

私自身は、そんなことは考えてもみませんでした。そのころのアメリカの水準から見たら、日本など赤子のようなものです。私自身、田舎《いなか》から出てきて京大に入っただけでも大成功と思っている人間です。外国に留学することすら、夢みたいな話だったのです。日本には先生がいないから仕方なくアメリカへ渡ったわけですし、しかも、アメリカで大きいことができるなどとは思っておらず、まして、ユング派の分析家になるなんて、とても考えられないことでした。だから、急にそういうことを言われても、とうてい本気にはできません。

そこで、二人から、「われわれが推薦するから、君はユング研究所へ行け」と言われたとき、即座にこう言い返しました。

「ユング派の分析家になるなんて、私からしたら、雲の上を行くようなものです。私は自分で考えても、絶対そんなものになれるような人間じゃない。まだ会ってからいくらもたっていないあなた方に、私のことがどうしてわかるんですか」

すると、シュピーゲルマン博士が言いました。

「私はもう十回も君の夢の話を聴いたではないか。それで十分だ」

いま、私がシュピーゲルマン博士の立場で、当時、私が見たような夢をしゃべる人がいたら、同じことを思うでしょう。

それと、彼らからすると、東洋から来た若い学生の〝以心伝心〟的な能力というのが、すごくミステリアスに見えたのかもしれません。そういうことをまったく評価しないアメリカ人から見たらばかばかしいことかもしれませんが、クロッパー先生はそういうセンスをもっている人だったから、逆に私は実際以上に高く評価されていたのかもしれません。

キリスト教文化圏というのは、心と体を明確に分けて、物質とか身体ということを徹底的に研究した文化です。だから、そちらの分野が極端に進んだのですが、十九世紀の終わりころになると、心というものをどうしても問題にせざるをえない状況になってきて、精神分析というものもそういう流れから出てきたわけです。その心の分野にしても、ものの世界と明確に分離されているから、一つの学問としても成立しやすい。

ところが、日本の文化は、心とモノとが渾然《こんぜん》としていて、明確に分離されていません。いまでもそういう感じがあります。自然観にしても、万物《ばんぶつ》に精霊《せいれい》が宿《やど》るというアニミズム的傾向が濃厚です。だから、心のことだけ取りだして論じると、日本人はなんとなくうさん臭く感じたりするところがあります。

日本人はたとえば「勘《かん》」とか、「以心伝心」とか、そういう言葉をたくさんもっていますし、その意味では、欧米人よりもよく知っているところがあります。たとえば、彼らが「無意識」と呼んでいるようなことは、仏教の世界では紀元前からわかっていたことです。そういう点で、私などは、向こうのそういうセンスをもった人からはすごく感心されたと思います。

ともあれ、こうしてクロッパー、シュピーゲルマン両先生の推薦を受けて、私はアメリカ留学を終えて一九六一年に帰国したあと、一年後にスイスのユング研究所に行くことになりましたが、そのときに、「一年半もアメリカに留学したのだから十分に箔《はく》がついている。いまからスイスに三年も行ったりしていたのでは、出世の機会を失う」と熱心に忠告してくれる人もいました。

いまでこそ海外留学も珍《めずら》しいことではなくなりましたが、当時の留学はそのような感覚で見られ、行われていたのです。しかし、私は自分がまだまだ未熟で、ここでもっと徹底して道をきわめないと、ほんとうに他人のために心理療法ができるほどにはなれないということをよく知っていました。そして、スイスでの私の分析体験は一段と深まり、浅薄《せんぱく》な科学論争をすることもなくなりました。

死にゆく人のための準備をする人

このように、私がユング派の心理療法家になったのは、いかにも偶然のきっかけからとも見えますが、あとから考えると、そこになにか強い必然性のようなものを感じます。そして、そこにはどうも「死」というものに対する意識が介在《かいざい》しているように思われます。

アメリカに留学しているとき、アルバイトである精神病院に行ったことがあります。ある患者さんを、あまり頻繁《ひんぱん》には見舞えない家族にかわって、一時間くらい日なたぼっこに連れていったりする仕事でした。私にしてみれば、患者さんに接することも勉強になるし、お金ももらえるし、一挙両得と思ってやっていましたが、そうしているうちに、その患者さんとすごく仲よしになりました。

でも、私にはどうしてもその人の病気のことがわかりませんでした。精神分裂病ではないことはわかるし、ノイローゼのようなものでもない。おかしいなと思っていたら、その人が、「君はほんとによくやってくれるから、君だけには言うけども」と言って教えてくれた病名は、「マルチプル・スクレローシス（多発性硬化症《たはっせいこうかしょう》）」というものでした。

「医者は隠しているけど、ひそかにカルテを見てわかったんだ。これは不治の病《やまい》で、だんだん悪くなって、死ぬしかない」

自分でもその病気のことを調べてみたら、たしかにそのとおりだったので、死んでいく人に会うのがだんだんこわくなって、シュピーゲルマン博士に相談しました。

「それなら、君はその人が死んでいくための準備をしてあげたらいいではないか」

当時はそのようなことを誰も言ってない時代ですから、これにはびっくりしました。

「サイコセラピストというのは、そういうこともやるんですか」

「ああ、やっているよ。私の友人のエールワード神父なんか、ほとんど死にゆく人の準備のために働いているようなものだ」

そのときは、自分にはそういうことはとうていできそうもないと思ったので、その仕事は数ヵ月でやめることになりましたが、私にとって子どものころから死というのが最大の問題でしたから、自分の問題にもっとも適した分野に入ったなと、すごく必然性を感じたわけです。

私たちが子どものころは、いまより寿命も短く、また戦争などもあって、身近なところで人の死というものに接していた時代ですが、そういうことがなくても、子どもでも三、四歳ごろから死というものを意識するようになります。ただ、たいていの子どもの場合、深く考えることなく忘れて暮らしていますが、中に、その意識にとらわれたままの子どもがいます。私もそういう子どもの一人だったようで、ほかの人より死というものに対する問題意識が強かったと思います。

相談したときに、シュピーゲルマン博士が「これを読んでみろ」と言って渡してくれたのが、のちに私がスイスで分析を受けることになるマイヤー先生が書かれた小冊子（講義録）でした。その中にこんな事例が出ていました。

マイヤー先生の分析を受けていた人が、面接が終わったあと何年かしてから急に連絡してきて、不思議な夢を六つほど見たけど分析してほしいと言ってきます。そこでマイヤー先生は六つの夢を分析して、相手に「この夢からしたら、あなたはもうすぐ死ぬだろう」と告げます。

そこで、その人はそれから死の準備をし、やり残したいろいろなことを全部やったあと、急に病気になって死んでしまう。そういう事例が淡々と書いてあるのですが、この本を読んで、世の中にはすごい人がいるものだなあと思い、自分が死の問題を考えていたということと、自分が知らず知らずのうちにそういうことと直面していく人たちのグループに入っていたことに、すごく不思議な因縁《いんねん》を感じました。

長い間やっていると、自分の能力ではこの職業はやっていけないのではないかと思うことがよくあって、いろいろ悩んだりもしましたが、でも、結局は、自分にはこれ以外に職業は考えられないということで、今日もなお続けているわけですから、「天職」というか、自分としてはやはりそこになんらかの必然性を感じざるをえないのです。

マイヤー先生の分析を受けたときのことですが、自分が死ぬということが恐ろしいという話をしたところ、彼はこんなことを言いました。

「たしかに死は恐ろしいけれども、死んだあとにいろんなものが残るではないか。たとえば家族が残るし、書いたものも残る」

そのときは、「なんと当たり前のことしか言わないのだろう、もっと深遠な答えを言ってもらいたいのに」と思いましたが、あとで自分にもわかってきたのは、そういう質問に対しては当たり前のことしか言えないということです。つまり、そういう問いに対する、これだと思うような答えは、自分でしか見出せないということです。

他人に聴いてわかろうというのは虫がよすぎます。こんなすごい人でも、正面きった問いに対しては、正面きった普通の答えしかできない。それはいわば一般論で、自分にとってこれだというのは、自分が見つけるよりしようがないわけで、そういうこともわかってきました。

しかし、ひょっとしたら、私が感じている以上に、クロッパー教授やシュピーゲルマン博士はもっと強く運命的なものを感じていたかもしれません。これはシュピーゲルマン博士があとで教えてくれたことですが、彼が西から太陽が昇る夢を見て、なにか西からおもしろいことがやってくると思ったときに、ちょうど私が訪ねてきたというのです。

「自分はだめじゃないか」が大切

三浦さんからは、もう一つの質問で、心理療法家の資質について、こんな問いかけをされています。

「心理療法家として、もっとも大切であると思われること（人間的資質、態度など）はなんですか」

これも、心理療法家の基本にかかわる大問題ですが、私自身、これまでの経験の中で、自分にはその資質がないのではないかとか、自分には不向きな仕事なのではないかなどと考えたことが何度もあります。なにしろ、相手は生身《なまみ》の人間で、しかも、人間のもっとも奥深いところで接していますから、こちらの思いどおりにはいかないケースも出てきます。いくら長く経験を積んできても、そんなときには、やはり自分の心理療法家としての資質に疑いを抱いてしまいます。やめようかと思ったこともあります。

また、クライエントの抱《かか》えている問題のスケールが、こちらのスケールを超えている場合もあります。中には、これほどの悩みをもって、よくもここまで生きてこられたものだと、びっくりさせられる人もいます。そういうものすごい荷物を背負ってくる人に対して、私の器量《きりょう》がそれより小さかったら、とてもカウンセリングどころではありません。

もちろん、こういうことは心理療法家なら誰でも経験しているはずですし、一生懸命やっている人ほど、そういう経験は多いはずです。また、まだ鍛《きた》えられていない若いころには、あとで考えると、クライエントのほうでこちらを見限っていったというケースもたくさんあったと思います。

「いやあ、先生にお話を聴いてもらって、ずいぶん気分がすっとしました。気持ちが軽くなったので、これで失礼します。どうもありがとうございました」

クライエントがそう言って帰っていったとしても、心の中では、「こんなやつ、もうたくさんだ」と思っていたかもしれません。少なくとも、こちらが意味のある仕事をしたと思ってないうちに相手から面接を打ち切られたら、それはこちらが見限られたということです。あるいは、黙ってそれっきり来なくなるというケースも同じことです。

心理療法家の仕事は、こちらの力と、相談に来たクライエントの力と、二人の相互作用ですから、その中でうまくいかないことが起こってくると、「やっぱり自分はだめじゃないか」と誰でも思いますし、それを経験していない人は本物ではないと思います。

その意味では、心理療法家に完成したかたちというのはないと言えるでしょう。それはスポーツマンと同じで、全盛期の王貞治《おうさだはる》選手だって、自分はバッターとして完成したとは絶対に思っていなかったと思います。

たとえば、外科医だったら、対象がはっきりとわかりますから、ここをこうしたら必ずこうなるということは、かなり明確に言えますが、心理療法家は人間のもっとも不可解なところを対象としていますし、一人ずつみんな違いますから、百人のクライエントが来れば、百のケースと出会うことになります。したがって、「これでわかった」ということはなかなか言えません。

もちろん、経験年数を重ね、多くのクライエントとつきあってくれば、ある程度の予想を立てることはできますが、だからといって、慢心《まんしん》を起こしたら、いっぺんにだめになります。また、一生懸命やっている人は、いつも「自分はだめじゃないか」という思いに駆られますから、慢心しているひまがありません。慢心するのは、一生懸命やっていない人か、心理療法家をやめてしまった人です。

私が臨床をやめていたら、他人に向かって、「なんや、おまえ、なってないじゃないか」などと大きなことを言って威張《いば》っていられます。しかし、自分が現役《げんえき》でやっていたら、そんな簡単には言えません。

それに、「自分はだめじゃないか」という気持ちをもっていないと、進歩がありません。私はいま臨床心理関係のほかにいろいろな仕事をしていますが、それでも臨床をやめる気がないのは、ここでやめたら自分に進歩がなくなり、あとは堕落するだけだと思うからです。「自分はだめじゃないか」という思いがしなくなったら、それはほんとうにだめになった証拠です。

人間の不可解な部分に向きあう

心理療法家の資質、あるいは素質について、よく尋《たず》ねられますが、正直なところ、私にもはっきりしたことは言えません。資質や素質を云々する前に、ともかく本人が「なりたい」と思うことがはじまりで、「本人の意志がある限り、挑戦してみてください」と言うよりほかないでしょう。

ただひとこと言えるのは、「自分はなりたい」というより、「自分こそ適任だ」と思うような人は、あまり心理療法家には向かないということです。いかに豊富な人生経験をもっている人でも、それによって悩んでいる人を助けてあげられるのは、きわめて限定された、あるいは表面的な範囲内にすぎません。

心理療法家にとってなにより大切なのは、クライエントの考えや感情であって、クライエントの個性を生かすことです。したがって、自分の人生経験を生かしたいと意気ごむことは、心理療法家に必要な根本姿勢とはまったく逆の姿になります。

また、自分の傷つきやすさを、鋭敏さと誤解して、自分は弱い人の気持ちがよくわかるので、そのような人の役に立ちたいと思うような人も問題です。たしかに、傷のある人は他人の傷の痛みがよくわかりますが、そのようなわかり方は治癒《ちゆ》にはつながりません。傷をもっていたが癒《いや》された人、傷はもっていないが傷ついた人の共感に努力する人、などによってこそ、心理療法は成り立つのです。

もちろん完全な心理療法家などはいませんから、心理療法をしていても、自分の資質を疑い、迷い、悩み、ときには自分はやめたほうがいいのではないかと思ったりするのも当然で、前述のように、こうしたことを通じて心理療法家は成長していくのです。

自分の心理療法に疑いや迷いがまったくないという人がいたら、私はその人にこそ強い疑いの念を抱きます。人間の不可解な部分を対象としている限り、心理療法というのは、自分の知識や技術を適用して必ず成功するという仕事ではないからです。

心理療法家は専門的な教育と訓練を必要とする点においては明らかに専門職であり、誰でもできるというものではありません。しかし、ほかの専門職と異なり、自分のもつ知識や技術だけではなく、相手の可能性をはぐくみ、それによって勝負するというところがあります。そして、相手の個性を尊重すれば、必然的に一回一回が新しい発見の場となります。その意味で、多くの専門職の中でも、心理療法家ほど謙虚《けんきょ》さを必要とし、「初心忘るべからず」の言葉が生きている世界はないと思っています。

ただ、この点をあまり強調しすぎるのもどうかと思います。ときに心理療法家や臨床心理士などという資格は無用、ないしは有害と主張する人がいます。つねに初心を忘れず、クライエントとともに歩むことが大切で、資格などを設定することによって、むしろ基本姿勢には妨害的にはたらく〝専門知識〟などをつめこまれて、慢心を起こし、クライエントにレッテルを貼《は》ることだけに熱心になるので、資格などないほうがいいというわけです。これは、たしかに重要な指摘ですが、この考え方も一面的だと思います。

深層心理学で他人の心がわかるか

一九六五年に私がユング派の分析家の資格を得て帰国、心理療法の実際に取り組むことになると同時に、日本で臨床心理学を学ぼうとする人たちの指導をすることになりましたが、そのころ日本では、臨床心理士の資格を設定しようとする動きが活発になり、他方、それに反発して臨床心理士を専門職と考えることに反対する動きも強く、両者が対立している状態でした。当時は日本中の大学で学生運動がさかんだったこともあり、後者が力も強かったようです。

もちろん、この両者の主張には、それぞれに根拠があって、たとえば専門家はいらないと主張する人たちは、「専門家」という権威を後ろ楯《だて》にして、弱者としてのクライエントを食いものにしたり、不必要に統制したりすることに反発していたわけです。

そのような中で、当時の私が考えていたのは、資格とか専門家とか、制度上の議論を闘わす前に、日本の臨床心理士がそれにふさわしい能力を身につけることが先決だということでした。実際、心理療法など役に立たないと主張する人たちの中には、それを行うための基本的訓練も受けず、ちょっと真似《まね》ごとのようなことをしただけで、その経験をもとに発言している人が多かったのです。

クライエントとともに歩むとか、クライエントの可能性が大切だから、こちらの能力などどうでもいいと単純に考え、それを行おうとしても、素人の熱意や善意だけではどうしようもないし、危険さえともないます。心理療法の訓練を受けていない人が心理療法的なことをはじめて、クライエントをますます悪い状況に追いこんでしまうという例もけっして少なくありません。

そのようなことを考えると、心理療法家としての資格を設定することは、クライエントの利益を守るためにも必要だと思われます。ただし、これは医者や弁護士などの他の専門職の資格とは少し異なるという自覚が必要です。

心理療法家の他の専門職と異なる側面としては、人間の関係性ということが重要であること、治療の過程に創造的、発見的な要素が必要であることがあげられます。つまり、専門家が素人の知らない知識や技術を身につけて、それを適用することによって問題を解決していくというより、むしろ、心理療法家とクライエントの間に成立する関係によって、クライエントの潜在的可能性がはたらきはじめ、それによって両者の関係も深まり、可能性がかたちをとってあらわれやすくなってくるというものです。

その可能性が一挙に出現してくるときは、否定的なかたちをとることが多いので、危険性が非常に高くなります。たとえば自殺というかたちをとるかもしれないし、両親からの自立のはたらきが親殺しとなってあらわれることもあります。

ですから、このような過程をともにすることはきわめて困難です。このような困難な仕事をやり抜くためには、やはりどうしても訓練された専門家であることが必要になります。

心理療法家の仕事は危険に満ちた、大量のエネルギーを必要とする仕事で、簡単にできるものではありません。心理療法家の基本姿勢というのは、長い訓練によって身につくものであり、改善されていくものです。多くの人がなんとなく他人の役に立ちたいと思っているし、自分のおかげで他人がよくなったなどと思いたいものですから、他人の相談にのったり、指導をしてあげたりしたいと思う気持ちはよくわかりますが、それは趣味の範囲内であり、職業としての心理療法とは異なるものです。

また、心理療法家はつねに常識を超えた判断や考えを必要とされるだけに、常識にとらわれている人では心理療法家にはなれませんが、一般常識をよく知っていなければ、それを乗り越えることはできません。要するに、心理療法家にとっては、毎日の日常生活が訓練の場だということです。

心理療法家の基本姿勢は、クライエントの実現傾向を尊重していくということですが、自分が資格をもった専門家であるということを過大に意識しすぎると、基本姿勢が崩《くず》れ、他人に対して自分の信じる理論を適用して、判定したり、コントロールしたりしたくなってきます。しかも、それは治療者にとっては非常に楽な方法なので、ついおちいりがちな弊害《へいがい》です。

自分は専門家だから、クライエントよりも上にいるのだと感じると、もっとも大切な関係性が破壊されてしまいます。このことのみを意識すると、「クライエントと対等の関係になるべきなので、専門家であってはならない」という主張も出てくるわけですが、それは、「専門家」の意味を狭《せま》くとらえすぎています。

未知の世界にともに進んでいくという点では、私たちとクライエントとは対等ですが、それにある程度役立つ知識や技法をもっている点においては、同等ではありません。この「ある程度」というところに、心理療法家の専門性の微妙なニュアンスが存在しているのです。そして、このようなことを細部にいたるまで、身についた知識としてもっていることが要求されるのです。

深層心理学の知識を身につけると、他人の心がわかったような気になり、また、わかったように言ったりしている人がいますが、そういう人は、私の考えている専門家ではありません。

現象の外側に立って観察したり操作したりするのではなく、現象の中に自らも入りこみながら、しかも自分の足場を失ってしまうことがない専門家が望まれるのです。

分析家の人間関係

あるとき、文化人類学者の中根千枝《なかねちえ》さんからこんなことを言われました。

「河合さんは忙しい忙しいと言っても、五十分間の間はちゃんと人と会って、それ以外になにからも邪魔されない時間がもてるからいいですね」

考えてみれば、たとえ一日に五十分間にしろ、私たちのように、人間のもっとも深いところで話しあう機会をもっている人はめったにいないでしょう。普通の人間関係といえば、どうでもいい雑談をするとか、酒を飲みながら他人の噂話《うわさばなし》をするとか、ほとんどが表面的なつきあいです。

しかし、私たちがクライエントと面接している間は、途中で電話がかかってくることもありません。一人の人間対人間として、通常とはまったく違う世界に入っているわけですから、普通の人の忙しさとはまったく違います。むしろ、世間的な忙しさとは無縁の世界で、しかも、非常に濃密な充実した時間です。

私たちは、一週間に何時間かはそういう世界に入っているわけですし、私たちの場合はそれが職業として成り立っているわけですから、自分でもすごく恵まれた境遇だと思いますし、中根さんに指摘されてからは、ますますこの仕事をしていてよかったと思います。

アメリカ留学中には、前述のようにクロッパー先生が大変に目をかけてくださって、大学の講義が終わったあと、たとえば病院へのスーパーバイズ（臨床の実際例について、指導をすること）など、いろいろなところに連れていってもらいました。そのときに先生の車に同乗させてもらうわけですが、いつも仕事がびっしりで、ちょっとそのへんのスタンドで買ってきたサンドイッチなどで昼食をすませて、次の仕事、次の仕事と、精力的にこなしていきます。

そこで、私が「先生はほんとうにお忙しいんですね」と言ったら、こんな返事でした。

「私はアナリストです」

そのときに、ああ、分析家というのはこういうものなのかと、つくづく思いました。そのへんでぼやっとしている時間など、まったくないのです。これはなにもクロッパー先生だけが特別ではなく、外国の心理療法家はみんな多忙です。

ただ、外国人の場合は、休みをとるときには、きっちりととります。私たち日本人には、これがなかなかできません。欧米人はそこが違います。

私など、土日もなく仕事をしていますが、彼らは土日には必ず休みますし、夏休みは一ヵ月間、きっちりとります。日本では、「来月一ヵ月間は夏休みをとりますから」などと言っても、通りません。そういうことが、なにか罪悪《ざいあく》であるかのように受けとられる傾向があるし、実際、ものごとが動かなくなります。ただ、外国へ行くことは許容してくれるので、外国へ行っているときというのは、私には非常に大事な時間になります。

「十三年目の手紙」

三浦さんはまた、「この仕事を続けてきてほんとうによかったと感じるのは、どんなときですか」との質問も寄せていますが、自分の心理療法家としての資質を疑うことがある反面、続けていてよかったと感じることも、もちろんあります。すごくむずかしい症状の人がよくなっていくのは、非常にうれしいことです。

なにしろ、私たちはすごく苦労している人たちと会っています。そういう人がやがて結婚し、子どもができたとか、その後のことを知らせてくれます。そういうときは、ああ、頑張《がんば》っているな、よかったなと思います。

しかし、これもプロ野球の選手と同じではないかと思います。プロ野球の選手というのは、劇的な逆転ホームランを打っても忘れている人がわりあい多い。往年《おうねん》の巨人軍の名選手、与那嶺要《よなみねかなめ》さんは、現役をやめるとき、選手時代の忘れられない思い出として、こんなことを言っていました。

「ほとんどは覚えてないけど、はじめてドラッグバントをして成功したときのことだけは忘れません」

私も劇的な事例にはたくさん出会っていますが、そういうのはほとんど忘れています。ただ、与那嶺さんのドラッグバントに匹敵《ひってき》するような話では、たとえば、ほかでも書いた事例ですが、「十三年目の手紙」というのがあります。

それは、ずいぶん昔のことですが、小学校四年で拒食症になった女の子のケースです。小学校四年生くらいで拒食症になるというのは、すごい重症です。いまでこそそういう子どもがだいぶ増えてきましたが、昔はそういうことはめったにありませんでした。その子は親に連れてこられたのですが、会ってみたところ、非常にむずかしそうでした。それで「また来るかい？」と聞いたら、「もう来ない」と言う。残念ですが仕方がありません。

一回、話を聴いただけで、私もこの子はもう来ないだろうと思ったので、帰ったあと、彼女に「来なくてもいいけど、気が向いたら、いつでもいいから手紙くらいください。必ず返事を出します」というような内容の手紙を書きました。

それからは親と面接をしていくうちに、本人もしだいによくなって、数年で完全に治《なお》りました。そして、もう関係なくなって忘れていたんですが、それから十三年後に、突然、彼女から手紙が来たんです。

「先生は覚えておられますか。先生はいつでも手紙を出していいと言っておられたから、ふっと思いつきましたので」とあって、最後のほうにこう書いてあったのです。

「先生からいただいた手紙は、いまもずっともっています。それは、私を支える宝でした」

私は、出しても返事が来ないからそれっきり忘れていましたが、そういうかたちでその子を支えていたとわかったときは、この仕事をやっていてほんとうによかったと思いました。

じわじわ変わる、じわじわ治る

私のいまの面接の基本は、あまり世俗的なことにとらわれないということです。通常は、学校へ行ってない子どもなら、行ったほうがいいとか、金が儲《もう》からないより儲かるほうがいいとか、みんなそう考えています。それを忘れてはいませんが、私はそういうところを超えたところでクライエントと会っています。

三浦さんの質問には、「先生が現在のような面接がおできになるようになったのは、いつごろからですか」との一項がありますが、私がいまのようなかたちで面接できるようになったのは、やはり五十代後半になってからでしょうか。

私も若いころは、苦しんでいる人を、なんとかしてよくしたい、通常の社会生活が送れるようになってほしいと思って会っていました。自分の子どもが不登校になったら、親はなんとかして学校へ行ってもらおうと思うでしょう。しかし、周囲のそういう気持ちが強ければ強いほど、子どもはよけいに悪くなるんだということがだんだんとわかってきたのです。

クライエントが治っていくのは、やはりじわじわとです。心理療法家の中には、なにか具体的なきっかけがあって、それこそ一夜にして変化したというような話し方をする人がいますが、それは話をわかりやすくするためで、実際のところは、そういうブレークスルー的なことはほとんどありません。私が分析を受けた体験でも、こんなものがなんの役に立ってるのかなと思うくらいです。しかし、あとから考えると、じわじわと変わってきているのがわかります。

その意味では、心理療法は必殺のノックアウトパンチではなく、ボディブロウのようなものと言えるでしょう。

こういう職業を選んだ以上、最初は早く治ってほしいと思うのは当然です。ところが、やっているうちに、そんなことではなんの効果もないとわかります。こちらがいくらそう思ったからといって、相手がそれに呼応《こおう》するわけではありません。

一回だけなら、そういうことで成功することもあります。初心者だから成功するというビギナーズ・ラックの例もあります。ところが、一回の成功で慢心してしまって、なんでもそのようにいくと思いこんでしまうのは、じつにこわいことです。それこそ、一人の人間の人生を台なしにしてしまう危険性もあります。

成功と言っても、しょせんは世俗的な意味での成功であって、それがその人にとってほんとうに幸せか、その人の生きがいに通じるかというのは、また別の問題だと思います。逆に、世間的に見たら失敗に思われるようなことになっても、それで心理療法家としての自分を否定する必要はありません。

最後はつじつまが合う

この仕事は、一生懸命やっていれば、必ず自分の資質を疑うときもありますが、つねに努力し、ずっと続けて、体験を積んでいくことがかんじんです。経験の少ない人ほど、自分のうまくできた話ばかりをするようになります。それは嘘《うそ》ではないけれども、実情とは異なります。

考えてみると、これは不思議な職業だと思います。いくら忙しくても、ほかの職業のように、簡単にアシスタントを使うこともできません。自分でクライエントと時間を共有する以外にはないし、中根さんが指摘されたような時間をもてるのは、自分しかありません。

自分でしかできないとなると、クライエントと面接の約束をしても、なんらかの事情でどうしても会えなくなることもあります。そういう場合は、相手に正直に話して了承してもらうしかありません。そのときに、表面を取りつくろって、弁解がましくなったり、嘘をついたりすれば、すぐに相手にわかります。私たちのところに来るような人たちは普通の人よりずっと勘が鋭いですから、嘘は絶対に禁物です。

時間に遅れないことも重要ですが、特例として、時間にルーズな人もいます。私が学んでいたころのユング研究所の所長のフランツ・リックリンという人は、時間遅れの常習犯でした。

あるクライエントと一時間の予定で会っていても、話に熱中しだしたら、一時間半たっても、二時間たっても終わらない。そのあとの面接で待っている人がいても、まったく気にしない。リックリン所長があまりいつも遅れるので、クライエントが遅れていったら、向こうはちゃんと定刻に待っていたということもあります。

ある人が面接に行ったら、自分より先の人がいて、もう一時間も待たされているという。これでは、悪くすると二時間待たされることになるかもしれないと覚悟していたら、先の人が入って十分ほどで出てきて、「はい、次」ということになったとか、いろいろとおもしろいエピソードもありました。

要するに、彼の時間感覚は時計の時間とは違っていて、そのときの流れの上で生きているところがありました。みんながそのことを知っていますから、それでも結局はつじつまが合うんです。

マイヤー先生も、そのときの流れで、五十分のところが一時間になったり、四十分でやめるときもありました。そこで私が、「先生はあんまり時間どおりにやりませんね」と言ったら、こんな返事でした。

「君は、『カルメン』は三時間だけど、『椿姫』は二時間だから、同じ値段ではおかしいとか、『カルメン』のほうが割安だとか言うかね。その作品を見にいっているんだから、作品が終わったら終わりじゃないか」

私の友人のアメリカ人がマイヤー先生に分析を受けたが、分析中に先生がしきりにあくびをしだした。そこで彼は、あまり朝早くからでは先生があくびばかりしておもしろくないと思い、時間を変えてもらって午後に行くことにした。それでもまたあくびばかりしている。

そこで彼はちょっとムッとして、皮肉っぽく「先生はよくあくびされますね」と言ったら、「私は人から退屈な話を聞かされると、すぐあくびが出るんだ」と答えが返ってきました。

つまり、もっと真剣にやれということなのです。分析は真剣勝負です。

私がついたもう一人のフレー女史は、反対にきっちりと時間を守る人でした。

フレー博士に、「マイヤー先生は時間どおりやらないですね」と言ったら、「私はとても彼のようにはできないから、せめて時間だけはちゃんと守っている」との答えでした。

時間と場所と料金を決めるわけ

大学病院の周産期《しゅうさんき》センターで、もう十年以上、臨床心理家として新生児の父母のカウンセリングをやってこられた橋本洋子《はしもとようこ》さんは、ご自身の職場の性格と心理療法のあり方について、疑問を抱いておられるようです。

「なにをもって『心理療法』と呼ぶことができるのでしょうか。私は周産期という特殊な場で臨床をしてきました。普通の『心理療法』とは枠組《わくぐ》みが異なり、自分の臨床は『心理療法』と呼べるのだろうかと、ずっと疑問に思ってまいりましたので」

周産期センターというのは、産科に併設《へいせつ》された、生まれてまもない赤ちゃんのための集中治療室といった感じのところですが、そこで主として、赤ちゃんを産んだばかりで、その赤ちゃんがたとえば早産などで危険な状態にあるときに、橋本さんはそのお母さんのほうをケアされているわけです。

橋本さんは「特殊な場」と言っておられますが、たしかにそういうところに心理療法家が常駐していることは、一般にはあまり知られていないでしょう。

私たちはいろいろなタイプのクライエントに会いますが、橋本さんの場合は、特定の場における心理療法ということで、たしかに何時から何時までと時間を決めて会う一般の心理療法家とはかなり違うかもしれません。

心理療法という場合、狭義《きょうぎ》と広義《こうぎ》があって、狭義で言うと、時間と場所と料金をきちんと決めてクライエントと会うというかたちになりますが、広義の意味では、根本のアイディアを生かしながら、いろいろな場面でクライエントと会っていくもので、橋本さんの場合はこちらに入ります。広義のケースを心理療法と呼ばない人もいますが、私は広義のものも心理療法に含まれると考えます。

心理療法というのは、単なる人生相談ではなく、人間の心の深いところにまで入りこんでいきますから、下手にやると、クライエントはおろか、治療者もおかしくなってしまうことにもなりかねません。それだけ危険をともないますので、そういうことを避けるためにも、現実的でセレモニー的な枠《わく》をはめておく必要があります。その守りの枠が、時間と場所と料金です。

フロイトもユングも、はじめのころはむちゃなことをやっていました。ユングなど、クライエントと寝食をともにしてやっていました。一般的には、人のために一生懸命やるのなら、時間も場所も決めず、ずっと一緒にいるほうがいいし、お金なんか問題ではないと考えがちです。常識では誰でもそう思うでしょう。だから、彼らもはじめのころはそのやり方でやっていたわけです。ところが、不思議なことに、時間と場所と料金を決めてやったほうが効率的だということがしだいにわかってきたのです。

一つには、人間の集中力には限界がありますから、そういう一定の枠が決まっているほうが集中しやすいし、深い世界に入っていきやすい。受験勉強でも、のんべんだらりと長時間やっているより、短時間に集中してやったほうが効果的です。

クライエントはすごく苦しい思いをしています。しかも、治ることは苦しい。だから、フロイトも、「誰でも治りたくないと思っている」と書いているほどです。治る苦しみ、治る悲しさ、治る怒り……そういったものに耐えられなくなると逃げたくなります。その場合、五十分なり一時間と時間が決まっていれば、つらいけれども、その時間内は我慢《がまん》して頑張ろうという気になりやすい。時間が決まっていなければ、どうしても逃げてしまいます。

たとえば、クライエントが「私はだめな人間だと思います」と反省していたら、それ自体、苦しいことですが、さらに、「もう死んだほうがましです」と言うくらいのところまでいかないとなかなか変わりません。しかし、それを言うと、もっと苦しくなる。そこで、クライエントが「それはそれとして、いまの内閣はつまらんですね」などと話をそらしてしまう。こちらから無理に問いつめて相手を苦しめるのは危険ですから、その話を聴いています。

しかし、時間が来て面接が終わると、雑談もそこで切れますから、クライエントは帰りがけに考えるわけです。「あそこで反省していると言いながら、なんで内閣の話なんかしたんだろう。

やっぱり自分は逃げているんだ」と、そのことに気がつく。つまり、時間を決めていることが、そのきっかけになるのです。自分が無駄話をしている間もお金をとられているんだと思えば、やはり集中度も違ってきます。

ところが、時間を決めず延々とやっていたら、どんどん自分に甘くなっていって、問題に直面するのを避けてしまう。変わるときには自分で変わるわけですから、直面しなければ、いつまでたっても変わりません。したがって、面接の効果も薄れていきます。

ただ、とくに日本人はそうですが、枠にはまるのをいやがる人が多い。たとえば、スクール・カウンセラーでも、子どもに「一時間話しますから、相談室へ来なさい」などと言っても、なかなか来てはくれません。だから、運動場で話そうとか、一緒にハイキングをしようとか、その場その場で臨機《りんき》応変《おうへん》に対応していかなければならない場合も出てきます。

橋本さんの場合でも、自分の部屋で向こうから来るのを待っているだけでなく、お母さんがどこで話しかけてきても聴いてあげなければいけないし、ガラスの保育器の中の自分の子どもをぼんやりと見つめているお母さんがいたら、声をかけて話を聴いてあげたり、一緒にいてあげたりしなければならない。

しかし、たとえどこで会っていても、心理療法家はある種の枠組みをきちんともっていないといけないでしょう。クライエントとは何時から何時までしか会わないと決めている場合はいいのですが、橋本さんのように、相手がいつカウンセリングを必要とするかわからないような職場では、なかなかそうもいかないでしょう。

そこがむずかしいところですが、自分なりの枠組みをもっていないと、心理療法家のほうがまいってしまいます。しかも、人の役に立ちたいという思いが強い人ほど、このことに気をつけなければならないでしょう。

フロイトやユングがつくったこと

心理療法を広義に解釈すれば、なにも外から見える枠はなくてもいい。運動場の片隅《かたすみ》で会おうが、一緒に山登りしようが、やろうと思えばどこででもできます。病院の保育器の中がのぞけるようになっている廊下のところでもできます。しかし、そのときに心理療法家が心の中に枠をもたずにやっていると、すごく危険です。クライエントによっては、いつまでも座りこんだり、泊りこんだりということも起こってきます。

時間、場所、料金といった枠組みは、フロイトやユングらの試行錯誤の中から生まれてきたものですが、私たちがやりはじめたころにはその意義がなかなか理解されなくて、若い人たちからよく批判されたものです。

「ぼくなんか、困った子とずっと一緒に住んで、寝食をともにして診《み》ているのに、先生なんか、一週間に一度会うだけで、ずいぶん楽でしょう」

そんな皮肉まじりの批判を受けたこともありますが、しかし、実際には私たちのやり方のほうがずっと効果があがりますから、結局は彼らもしだいに納得するようになります。

「こんな狭い汚《きたな》い部屋で一時間会うくらいなら、集団で外で遊ぶほうがよほどいいではないか」と言う人もいました。それはたしかに健康にはいいかもしれませんが、私たちは健康教室をやっているわけではありません。時間、場所、料金という枠組みについては、すごく批判されました。だから、私はその意義をわかってもらうためにわざわざ「時間、場所、料金について」という論文を書いたほどです。

もっとも、私自身、ユング研究所から帰ってきたばかりのころは、そんなにきっちりと決めてやっていたわけではありません。まだ心理療法自体が一般に知られていないころで、なにかうさんくさいものと思われていた時代ですし、また、誰もが「相談はただ」と思っていますから、そんなときにお金など取ったら誰も来てはくれません。

だから、はじめは無料でやったこともありますし、そのほかにもいろいろな方法を試しました。そういう中で、少しずつみんなを説得して、そうした枠組みを実施していったわけです。

京都大学で料金を取るということを決めたときでも、学生の中にはすごい抵抗がありました。人の苦しみを金儲けの道具にするなんてもってのほかだとか、お金を取ったら人助けにならないとか、いろいろ言われました。しかし、もともとフロイトやユングが体験の中から編みだした手法ですから、誰でも実際に体験を積んでいくうちに、自然にわかってきます。

たとえ「冷たい人」と思われても

人は誰でもはじめてのところに行くときには緊張しますが、わかっている場所なら安心できます。いつも決まった場所でやるのは、それだけクライエントの精神的負担を軽くし、集中しやすくするためです。

時間については、私の場合は一回五十分を基本にしていますが、これも体験の中から出てきた目安で、人間の時間感覚からして、一時間以上、集中を継続させることはなかなかむずかしい。欧米の学校の授業でも、五十分やって十分から十五分の休憩を挟《はさ》むというのが一般的です。かつて、日本では二時間ぶっ通しで授業をやっていたこともありますが、先生も生徒も中だるみしながらやっていました。コンサートや芝居でも、ほぼ一時間ぐらいをメドに必ず幕間《まくあい》とか休憩がありますが、これは演じるほうにも見る側にも意味があることです。

ただ、自分の中で時間と場所と料金の枠組みを崩さないというのは、かなりの経験がいりますし、実際にはなかなかむずかしい場面もあります。

心理療法は一種の闘いみたいなものです。クライエントがいろいろ雑談めいた話をして、あと五分ほどで終わるというときになって、やっと、「先生、私はもうだめです。もう死にます」などと言いだすことがあります。それならはじめから「死にます」と言ってくれたらいいのに、最後の五分ぐらいのところで言うから、慣れないカウンセラーだと、ここでとまどったり、うろたえたりしてしまいます。

「死にます」と言われると、放ってはおけませんから、しかたなく枠組みを崩して、十分とか十五分延ばして話を聴いていくと、なんとかおさまって帰っていく。その次に来たときに、こちらが、この前の死ぬという話はどうなったかと気にしていると、今度もまたぐだぐだと無駄話を続ける。そういうときには、こちらから父性を前面に出してビシッと言うことも必要になってきます。

「あなた、そうやっていろいろ話をしてるけど、最後に『死ぬ』と言うんじゃないだろうね」

この判断はむずかしいけれども、これをやらないと、いつも同じ逃げのパターンに引きこまれて、これでは相手も変わっていきません。枠組みがどんどん崩れていけば、カウンセラーのほうも危険な状態になります。

いつも終わりごろになると死ぬ話をもちだされるというのでは、こちらもしだいにイライラしてきます。その腹立たしさを残したままだと、次の面接のときにいやな気持ちで会うことになり、それを相手も感じとりますから、結局、どちらもおかしくなってしまう。ですから、あるときに、スパッと言うことも必要になるわけです。その場合も、時間的な枠組みが決まっていれば、どこでそれを言うかの目安が立てやすいでしょう。

みんなそれぞれに深刻な話ですし、人によって深刻さの性質も密度も違いますから、どのケースでも毎回、五十分なら五十分できちっとかたをつけるのはたしかにむずかしいことです。とくに日本の社会には時間感覚にあいまいなところがありますから、つい長引かせてしまいがちですが、やはりこれを守らないと、結果的にクライエントのために、また自分のためにも、悪い影響が出てきます。

だから、自分に妥協《だきょう》せず、むしろクライエントを教育していくことも必要になります。たとえば、「この前は五十分で切ってしまったから、ぼくのことを冷たい人だと思ったんじゃないですか」などと言ってあげると、クライエントも、「ああ、この先生はわかっている」と思って、納得してくれる。

ただ、あまり細かく説明すると、自己防衛的に言いわけをしていると思われて、逆効果です。だから、「この前は冷たい人だと思ったでしょう」と言って、相手が「はい」と言ったら、それ以上の弁解はつけません。そうしておけば、相手が攻撃できる可能性が残ります。そこを残しておかなければならない。そして、攻撃されたら、それをしっかり受けとめる。

とにかく、心理療法家は、受けることが大事です。相手から「逃げている」と思われたら、そこまでです。そのあたりが、お互いに弁解し、遠慮しあって、社交的なかたちがととのっていくという普通の会話とは違うところです。

しかし、こうしたことは、心理療法家とクライエントの間だけでなく、一般社会の人間関係でも通用することではないでしょうか。私は会議のときなどに、意図的にこの手法でやることがあります。

「そこにいる」ことが根本

橋本さんは、とてもいい指摘をされています。

「人は悲しみや苦しみのどん底にあっても、ほんとうにそれと向きあうことができるならば、必ず立ちあがることができると、私は信じています。そのとき、私たちは引きあげようとしたり、押しあげようとしたりせず、でも、そこから逃げることなく『そこにいる』ことが大切なのでは……と思っていますが、いかがでしょうか」

まさに、私たちがやっている心理療法の根本は、「そこにいる」ということで、それ以外のなにものでもないと言ってもいいくらいです。

橋本さんご自身、赤ちゃんのことを心配されているお母さんにどんな言葉をかけていいかわからず、最初は一緒にいさせていただくというところからはじめられたとおっしゃっておられましたが、じつは心理療法にとって、そこがもっとも大事なところだったわけです。

ただ、言葉でわかっていても、あるいは、体は一緒にいても、心が逃げてしまっている場合が多く、私自身、このごろは、体も心もそこにいるということばかりを訓練しているのではないかという気が自分でもします。なかなかそれができず、やはりまだ修行が足りないと自省の念に駆られます。

それというのも、ほんとうに深い苦しみ、悲しみを抱えている人と、心も体も一緒にいるということは、こちらにとっても苦しいことだからです。

しかし、逆にクライエントの側からしたら、ほんとうにつらいとき、悲しいときには、よけいな慰《なぐさ》めなど言ってもらう必要はなく、一緒にいてもらうだけでいい。ところが、治療者のほうがじっとしていられなくなって、ついよけいな慰めの言葉をかけたりしてしまうのです。これは、一種のごまかしにすぎません。

私は自分の仕事のことをよく、「なにもしないことに全力をあげる」と表現します。つまり、doing ではなく、being が大切だということです。

心理療法の根本は、「そこにいる」ことであって、これができるようになったら、はじめて自分の心理療法は完成したと言えるのだと思っています。それができないから、いつも自分の心理療法家としての資質に疑問を感じてしまうのです。

「なにもしないことに全力をあげる」などというと、なにやら禅問答《ぜんもんどう》のような感じがしますが、ねらっているところは禅とかなり似ていると思います。

ある高校生が私と会って家に帰ったあと、家族から「どうだった?」と聞かれて、「不思議な人に会ってきた。どこへ飛んでいっても、ちゃんとはたにいるような人だった」と言ったそうです。はたして自分にそこまでできたかどうかわかりませんが、ある意味では、それこそ私たちの最終目標かもしれません。

それができるようになったら、言葉など必要なくなります。それができないから、口でいろいろなことを言ってしまうのです。自分のスケールを超えたクライエントが来ると、そこにいたたまれなくなって、せかせか、そわそわしたりするわけです。

それは無理もないと思います。ライオンが出てきたのに、そこにいるというのは、なかなかできるものではありません。でも、たとえ相手がライオンでも、こちらがちゃんとそこにいたら、けっして食らいついてはこないでしょう。こっちが逃げたり、こわがったりするから、食らいついてくるのです。心理療法家の訓練とは、ライオンが来ても逃げないための修行のようなところがあります。

『老子』の第三章に「無為《むい》をなせば、すなわち治《おさ》まらざるはなし」という言葉があります。一部の者を優遇《ゆうぐう》するから、人々の間に競争心が起こる。珍しいものを貴重だとするから、人々の心に欲が出て盗みをはたらくようになる。そういうよけいな作為《さくい》はせず、無為の政治をすれば、治まらない国はないというのがそこでの主張です。

しかし、「治」とは調整していい状態にすることですから、病気の治療もこの中に入ります。そこで、この言葉は、「無為をなせば、すなわち治《なお》らざるはなし」とも読めるわけです。

これほど心理療法の本質をついた言葉もないでしょう。

第二章　日本人の心の問題

母性に重心がかかっている!?

角野善宏《かどのよしひろ》さんは精神科医ですが、スイスのユング研究所でユング派分析家の資格も取得されて、病院の精神科に勤務されながら精神分裂病者に心理療法を試みられています。その角野さんは、父性のあり方について、次のような質問を寄せてきました。

「治療者として、父性を育てるためには、どのようにすればいいか。子育ての中で、個人的に父親像を鍛《きた》えることはできるだろうか。普遍性をもつ父性は、日本人にとってむずかしい課題であると思う。具体的なモデルでもいいので、教えてもらいたい」

カウンセリングとか心理療法というのは、まず受けいれることからはじまります。最初にクライエントを受けいれて、その中でその人がどう変わっていくかということですから、父性と母性という言い方をすると、母性的なものがまず前面に出ます。

普通だったら、たとえば不登校の子がいたら、「学校に行かなければだめじゃないか」というような言い方をしますが、カウンセリングでは、してはいけないようなことでも、まず受けいれようとします。この最初の受容なくしては、クライエントとの人間関係をつくることは不可能です。

ただ、日本のカウンセラーには、ほんとうの意味での受容をせず、受容の真似《まね》ばかりして失敗している人がかなりいます。来談者が、「ぼくは学校へ行っていません」と言ったとします。そのときに、カウンセラーが表面では「ああ、そうか、そうか」とうなずきながら、心の中では、「困ったもんだな」と思っているとしたら、これはほんとうの意味での受容ではなく、受容の真似にすぎません。

たとえば、高校生くらいのクライエントが、「ぼくは好きなことをして暮らすんや。お父さんからはお金さえもらえればいい」などと言った場合、そういう相手の人生観を本気で受けいれることができるでしょうか。表面的にはわかったように振る舞いながら、心の中では、「なにをアホなことを言っているか」と思っているとしたら、これもニセものです。

本気で相手を理解し、そういう人生観に共感できるなら、それはそれでいいのですが、私なら、一概《いちがい》には言えませんが、こういうときは次のように言うかもしれません。

「あなたが一生、お父さんのお金をもらって生きるつもりなら、もうここに来る必要はありません。私はそんな人のためにこの仕事をやっているわけじゃない。いますぐ帰ってください」

これは、いわば父性原理での対応です。父性原理には「切断」の機能があります。すると、クライエントは一つの刺激を受けてそれまでとは違ったことを考え、また新たな展開がはじまります。

人間というのは、男女に関係なく、父性と母性の両方の要素をもっていて、その矛盾《むじゅん》や対立の中で、全体としての人生をそれぞれに生きているわけです。そうした対極的、対立的な要素があるからこそ、生きることの意味も深まるのであって、そこが人間の心の不可思議なところであり、おもしろいところです。

したがって、カウンセラーとはいえ、母性原理で受容しているだけでいいというものではありません。ときには、父性原理を前面に出さざるをえない場合もあります。日本人のカウンセラーには、そこの判断がうまくできない人が多いようですが、それは、母性的要素が強く、父性が弱いという日本の文化の特徴に由来《ゆらい》しているように思われます。

父性と母性の対立と相補性《そうほせい》とは、人間にとって大きい要素であり、私たちはこの両者を必要としつつ、生き方や考え方の上では、通常、どちらか一方に重心をかけています。

日本人は母性のほうに重心をかけていますが、西洋人では父性原理が強く、それは、キリスト教文化と無縁ではありません。ユダヤ・キリスト教の神は、父性的性格の強い神と言われています。

西洋・東洋と父性・母性との関係についてはすでにいろいろなところで述べていますから、ここでは詳《くわ》しくはくり返しませんが、西洋では強調された父性原理によって近代科学や個人主義が生まれてきました。そこでは、自我の確立が重要な目標とされ、無意識の重要性を強調したフロイトも、その無意識を自我のコントロール下に置くことをめざしました。だから、フロイトの心理学は、父性原理のもとに築かれた心理学ということができます。

ところが、父性原理の強い西洋にあって、ユングは珍《めずら》しく母性原理にも注目し、自我を超えて人間を全体として見ようとしました。それは、彼が自ら体験した幻覚などが、自我によっては容易にコントロールできず、心を全体としてあつかわざるをえなかったのでしょう。フロイトが父親との関係にこだわったのに対し、ユングは母親の存在を強く意識していたようで、そういう個人的な境遇とも関係があるかもしれません。

父性が鍛えられる場面

民族的にもともと母性原理が強い日本人には、父性原理をいつ、どのようにして出すかという判断がとてもむずかしく、つい受容の真似ごとのほうに傾いて、うっかり「うん、うん」などと言ってしまいがちですが、クライエントはとりわけ感覚的に鋭敏な人たちばかりですから、そのようなごまかしは通用しません。簡単に見破ってしまいます。すると、さらに攻撃的になって、「よくないこと」をとことんやるようになります。

日本では治療者の父性を育てるのは困難なことですけれども、しかし、これは絶対に必要なものですから、鍛えなければならない。その点を、角野さんはご自分でもすごく考えておられるわけです。

クライエントには、意識はしてないでしょうが、むちゃなことを言ったり、暴《あば》れたりしながら、どこかでカウンセラーの容量を推し測っているところがあります。

たとえば、私が先ほどのように父性原理にもとづいた対応をすると、クライエントは、この人の容量はここまでだなとか、こういう人もいるんだなとか、人生にはこういうこともあるのだなとか、いろいろなことを考え、そこからまた新しい生き方がはじまります。

それを、カウンセラーのほうがうわついた対応しかできないでいると、クライエントはますますむちゃくちゃになってしまいます。

角野さんは「子育ての中で」とおっしゃっておられますが、その点では、家族の関係も同じだと思います。家族で生きていく上では、父性が存在しなかったら、ほんとうの生き方はできません。本気で生きようと思ったら、どうしても父性が必要になります。そこで、父親に父性が不足していると思ったら、子どものほうも、父親の父性を鍛えるためにいろいろなことをします。

たとえば、家庭内暴力で子どもが暴れたりするのにも、父親の父性を鍛えようとしている面があります。そして、父親がそれにきちんとした父性でもって応えられないと、どんどんエスカレートしていきます。

もちろん、母親にも父性的要素はありますが、やはり子どもは父親にそれを期待します。だから、そういうときは父性が前面に出てきたほうがいいのですが、親のほうでその出し方がわからないために、家庭がおかしくなっているというケースが少なくありません。

ある中学生のクライエントが、「あの先生は嫌いだ」と言うから、その理由を尋《たず》ねたところ、「ぼくが悪いことをしているのに、いつも知らん顔して、ちっとも怒ってくれない」と言う。彼はそういうことを友だちにも言っていたのですが、やがてそのことが相手の先生の耳にも入ったようで、次に彼が悪いことをしたとき、その先生は思いっきり怒ったらしい。そのことをクライエントは私に話しつつ、「あの先生にどやされて、まいっちゃったよ」などと言いながらも、なんとなくせいせいした様子でした。

その先生が思いっきり怒ったのは、父性というものが輝いた一瞬だと思いますが、そうすると子どもは喜ぶのです。それを期待していたわけです。そこを、見て見ぬふりをされたり、ニセものの受容をされたりするから、ますます腹が立ってくるのです。見方を変えれば、この先生は、その生徒によって父性を鍛えられたとも言えるわけです。

ただ、そうした父性は、輝かしいものとして、厳然と出てこないと効果がありません。カウンセラーがそれを出すには、やはり経験を積む中での訓練が大事です。

私が大学で教鞭《きょうべん》をとるようになったころは学生運動がさかんでしたが、こういうときにも教授側には父性的な対応が求められます。学生たちにも、教授の父性に接したがっているところがあり、それでいろいろなことをやるわけですが、そのときに、「いや、君たちの言うこともよくわかる」などとやるから、ますます混乱してくるのです。

当時、私は学生たちに対し、「君たちのしていることはまったく理解できない」と言ったり、彼らが旗を振って怒鳴るので、こちらからも「やかましいッ」と怒鳴り返したりしましたが、どうもこのほうが評判がいい。私は一度も学生に暴力をふるわれたことはありませんでした。

昔はことさら父性をひけらかす必要のない社会でしたが、日本も文化的に変わってきて、父性を必要とする時期になってきました。子どもたちもそれを期待する。それがあまり急に来ましたし、それまでそうした訓練を受けてきませんでしたから、先生にも気の毒な面があります。いまの校内暴力や学級崩壊《ほうかい》などを見ていると、そういうことを強く感じます。

正しい訓練を受けてこなかったから無理もないのですが、父性の出し方を勘違《かんちが》いして、暴力的に振る舞う人がいますが、それは輝く父性ではなく、粗野《そや》というものです。かつての日本の軍隊では、訓練と称して殴《なぐ》ったり蹴《け》ったりしたようですが、これは父性というよりは、母性の恐ろしい面を男の腕力によって表現していると言っていいほどです。

教師の生徒に対する体罰がときどき問題になりますが、体罰と同じ厳しさ、強さを、身体を使わずに、言葉とか態度で表現できるようになることがかんじんです。それが父性を鍛えるということです。

父性への期待や要求が高まる中で、父親や教師が父性に欠けているため、私たちのようなカウンセラーが、よけいにそういうことをしなければならなくなってきたとも言えます。つまり、世の中の人が避けていることを、カウンセラーがやらされているわけです。だから私は、クライエントにもよく怒ります。「このことができない限り、ここには来るな。私はそんな甘っちょろいやつに会うために生きてるんじゃない」などと、はっきり言います。

カウンセラーは、父性をもってなければ、むずかしいクライエントには対処できません。これは、男と女に関係なく言えることです。

日本はもともと母性的な社会ですから、母性は特別に訓練しなくても身についています。ところが、キリスト教文化圏の西洋の人たちは、なかなか母性が身につかない。ユングは母性的な面も重視した人ですが、その点、日本人のカウンセラーたちは、相手をやさしく包みこむような母性を自然に発揮できるので、彼らはそれにびっくりします。

父性を発揮するときも、母性的な受容と同様、真似するだけでは逆効果です。カウンセリングでは母性を基盤にしつつも、どこかの段階でズバリと父性を出さなければならないときがあります。ところが、期待はしつつも、父性に慣れていないことではクライエントも同じですから、よほどよく考えてやらないと失敗します。

これが西洋人の父性！

ほんとうの母性というのは、かりに子どもが殺人罪を犯そうとも、徹底的に守ろうとします。それに対し、「いくらおれの子であろうと、悪いことをしたら必ず放りだすからな」というのが父性です。

高校の教師をしているとき、私は他の教師たちとよくフランス語の本を読んでいましたが、父性に関しては、フランスの作家メリメの『マテオ・ファルコーネ』という短編小説が強く印象に残っています。

十九世紀中ごろのコルシカ島での物語ですが、羊飼《ひつじか》いのファルコーネが山に行って留守の間に、家に残った息子が、憲兵《けんぺい》に追われて家に飛びこんできたおたずね者を、五フラン銅貨をもらってかくまいます。ところがやがて憲兵が来て、「犯人の居場所を教えてくれたらこれをやろう」と銀時計を差しだされると、それを受けとって男をかくまっていた場所を教えてしまいます。

憲兵に引き立てられていく男は、帰宅したファルコーネに向かって、「ここは裏切り者の家だ」と毒づいて去っていきます。事実を知ったファルコーネは、息子を村はずれの窪地《くぼち》に連れていき、「おまえはおれの血筋ではじめての裏切り者だ」と言って銃を突きつけます。子どもはさかんにお祈りと命乞《いのちご》いをしますが、ファルコーネはかまわず撃ち殺してしまいます。その子どもは、三人の女の子のあと、かなり年齢がいってからやっと生まれた一人息子で、そのときはまだ十歳でした。そして、最後に、大声で叫びとがめる妻に向かってこう言います。

「きちんと決まりをつけた。これから埋めてやる。あいつも信者として死んだんだ。ミサをあげてもらうことにしよう」

この小説を読んだときは、西洋人の父性のすごさというものをつくづく思い知らされましたが、これが西洋の父親の役割なのです。もちろん、これはいわば究極の父性で、だからこそヨーロッパでもショッキングな小説たりえたわけです。現代のわれわれがファルコーネを称賛する必要はないし、暴力的な決着のつけ方という意味では、あまりにもプリミティブで、むしろ粗野で洗練されないやり方と言えますが、日本人はこうした父性の役割について、あまりにも知らなさすぎるように思います。

カウンセラーは母性と父性の両方の役割をそなえていないとできませんから、西洋のカウンセラーたちは、日本人とは逆に母性の習得に努力していますが、やはり男女で多少の違いはあるようです。

まず受容するところからはじめる場合には、カウンセリングの最初のころは、女性のほうが向いているかもしれません。ただ、女性がインテリジェンスを研《と》ぎすますと、むしろ母性を忌避《きひ》する傾向があります。頭のいい女性ほどその傾向が強いようですが、クライエントの理性も感情も引っくるめた全体に対処しなければなりませんから、あまり理性にかたよりすぎるといいカウンセリングは望めません。

要は、本気でやっているかどうかだと思います。親、教師、カウンセラーなどが本気で取り組んでいるかどうかは、子ども、生徒、クライエントたちは敏感に察知します。ごまかしはききません。そして、本気でやっている限り、そうとうに厳しくやっても通るものです。

そういう中で、親も教師もカウンセラーも、つねに自分自身を訓練していく必要があるでしょう。

プロというもの

角野さんは、次の質問も寄せています。

「心理療法の中で治療者が自分の限界を感じたとき、または悟ったとき、どうすればいいか。素直にこのことを話し、中断を考えるのか、限界の中でなんとか治療者の力量を納得してもらいながら続けるのか。

自分の治療者としての能力、素質に疑問を感じたとき、この仕事を続けていくことに自信をなくしたとき、どうすればいいか。いったんやめてみるか、仕事を意図的に減らすのか、そのまま行けるところまでやってみるか」

こういう気持ちは、一生懸命やっているカウンセラーなら誰もがもっているものです。これをなくしてしまったら終わりです。ただ、そういった自分のいまの悩みは、たいていの場合、クライエントに伝えなくても面接を進めていくことはできます。

ただし、相手がすごくむずかしい場合は、一《いち》か八《ばち》か伝えることも考えられますし、そのことによってお互いに成長することもあります。もちろん、いかに話すか、その言い方も問題で、自分の荷物を相手にもたせるような言い方をしたのでは、絶対にだめです。言う場合は、自分も背負いながら歩いている一人として言えばいい。

自分が失敗したかどうかは、相手がもう来なくなったり、次の面接のときに遅れてくるとか、攻撃的になるとかでわかります。

たとえば、クライエントに思いきって、「私はあなたのセラピストとしては、スケールが小さすぎるかもしれない」というようなことを言ったとしたら、次の回がすごく大事になります。次の回に遅れてきたり、来なかったりしたら、自分の言ったことは失敗だったということになります。そういうこともありうるということをすべて考えていないとだめです。

それから、明日、相手と対決するというときは、食事と睡眠をよくとるなど、コンディションを完全にととのえておく必要があります。これは、スポーツ選手や芸術家と同じです。もちろん、プロである限り、どんなコンディションでも、ある線は崩《くず》さないというものでなければなりません。

先日、世界的フルート奏者のジャン＝ピエール・ランパルと対談したとき、自分でも満足のいく音が出せるのはめったにないとのことでした。しかし、ランパル自身は満足していなくても、お金を払って聴きにきた観客は十分に満足して帰ります。それがプロというものです。

われわれでもそうだと思います。どんなコンディションでも、ある程度のことはできる。しかし、「今日はやったぞ」と思えることは、非常に少ないものです。自分の技量は、まずコンディションが良好でなければ発揮できないし、そういうことを考えていないセラピストは、ニセものだと思います。また、すごくむずかしい人の場合、七人も八人も会ったあとで会うというようなことは絶対しません。

そんなふうに注意をしていても、ときとして、どうしても書かねばならない原稿があって、ほとんど寝ていないとか、不慮《ふりょ》のことが起こることがあります。ところが、こちらはいつもと変わらないつもりでいても、クライエントは必ずこちらの不調を敏感に察知します。すると、当然、相手のこちらに対する態度も変わってきます。

そこで、相手からそういうことを言われる前に、こちらから、「じつは昨夜、ほとんど寝ていなくて、どうも体調が悪いんだ」などと言うこともあります。もちろん、こちらから自分の、いわば弱みを言えるようになるまでには、かなり時間がかかります。それによって相手に納得してもらえるような言い方ができるようになったのは、それこそ五十歳近くになってからです。

三十歳そこそこぐらいの若い人が言っても、なかなか相手は納得してくれないでしょう。だから、いつでもできる限り体調をととのえて、いい調子で会うこと、それをずっと考えていなければならないでしょう。

まだ私がずっと若かったころ、こんなことがありました。そのクライエントとは非常にうまくいっているし、私の体調もいいのに、その人と話していると、すごく眠くなってきたのです。おかしいなと思っていろいろ考えますが、睡眠不足でもないし、食事もちゃんととってきたし、眠くなる理由がわかりません。相手に会うのがいやだと眠くなることがありますが、自分ではうまくいっていると思っていますから、それでもない。いくらしゃんとしようと思っても、話を聴いていると、フーッと眠くなってくる。

そこで私は、これはきっと、彼は私に聴かれたくないことを言わずにいるに違いないと考えました。このへんまではなんとか理論でいきますが、そこから先は直感です。ふいに勘がはたらいて、「あなた、今日でやめるつもりじゃないですか」と言ったところ、相手はびっくりして、「えっ、どうしてわかりましたか」。

若いときというのは、うまくいってるときには、相手が苦しいということがなかなかわかりません。治療者がうまくいっていると思っているときというのは、相手はいろいろと反省したり、深く考えたり、苦しんだり、自分を責めたりしているということです。そこで、こちらがうまいことといったと思って喜んでいると、相手の苦しみとはだんだん乖離《かいり》していきます。この状態がある程度まで進むと、相手は面接に来る気をなくしてしまいます。ちょうど、そういう状態だったのです。

クライエントが自分を変えていくということは、苦しんでいることにほかなりません。その苦しみをこちらがしっかりとわからなければならないのですが、初心者のころは、それがよくわからない。こっちはうまくいってると思っているのに、相手は苦しんでいる。そういう乖離が起こって、相手はやめようと思っていたわけです。

苦しみの処方箋

「私は精神科医としても、神経症、うつ病、精神分裂病の治療で薬物療法を行いますが、積極的に夢を使っての心理療法（夢分析）と同時に行います。一般に薬物（抗精神病薬、抗不安薬、抗うつ薬）は夢に影響を与えると聞きますが、実際上、薬物療法を併用《へいよう》しての夢分析への治療上の悪影響というものは考えられますか」

薬物療法についての角野さんの質問ですが、私は精神科医ではないので、はっきりしたことを言う資格はありませんが、この問題は、ユング派の中でもよく取りあげられてきた問題です。

大きく分けて、できるだけ薬を使わない方法でやっている人と、患者が苦しんでいるのだから、ある程度は薬を使いながら心理療法をやっていこうという二派がありますが、私にはどちらがどうという判定はできません。自分がどうしたらいいかということは、自らの体験の中から自分自身でつかみ取っていくしかないでしょう。

薬を飲むと、ある意味では楽にはなりますが、苦しむからこそ治《なお》るというところもあって、そのむずかしさがあります。患者が苦しむときには、治療者も苦しいわけで、医師や看護婦の苦しみを防ぐために、患者に薬を飲んでもらう場合もあります。たとえば、放っておいたら暴れてどうしようもない患者さんなら、やはり安定剤などで抑えることも必要になるでしょう。

私が訓練を受けていた当時、ユング研究所のリックリン所長は、「自分の体のもつ限り、薬は使わない」と言っていましたが、こちらも苦しくてたまらないから使ったほうがいいという考え方の人と、両方があります。

心理療法の本来的なかたちからは使わないほうがいいというのは、理想論であって、現実の問題とはまた別です。したがって、現実問題をどう読んでいくかが大きな課題となるでしょう。同じ使うにしても、種類とか量についてもしっかり考えていかなければなりません。私は医師ではありませんから、そういう点は、むしろ角野さんに期待したいところです。

心理療法というのは、本気でやったら、とてもしんどいものです。患者のことばかり考えていたら、心理療法家のほうが死んでしまいかねないほどです。私自身、五十歳ころのことですが、疲労で自分のほうが死んでしまうのではないかと、本気で危機感を抱いた時期がありました。

クライエントには死にたいと思っていたり、「死ぬ」と言ったりしている人が多いから、そういう人たちを相手に本気でやっている心理療法家なら、誰でもこういう経験はあると思います。クライエントにしてみれば、自分が死にかけているのに、心理療法家にいい加減な気持ちでいられたのでは、たまったものではありません。彼らのそういうことに対する察知能力はすごいものがあります。そこで、下手をするとクライエントを死なせてしまうことにもなりかねませんから、こちらとしても、ふわふわした気分でいるわけにはいかず、心理療法の現場が生きるか死ぬかの壮絶《そうぜつ》な闘いの場になっていきます。

外国の心理療法家が一ヵ月くらいのバケーションをとったりするのも、限界ぎりぎりまで巻ききったゼンマイをもとに戻すには、どうしてもそのくらいの期間が必要だからです。アメリカの医者の中でもっとも自殺者が多いのは精神科医だそうです。

これは先の「治療者の限界」とも関連しますが、私の場合、そうした危機状態からどのように抜けだしたかというと、そうしているうちに、自分がやっているわけではなく、治っていくのはクライエント自身の力なのだということがだんだんとわかってきたことが大きかったようです。自分で必死になって治してあげようと思っているから、よけいに治らず、消耗するわけです。そういうことがわかったときに、自然と危機感も消えていきました。

普通の人になることが幸せか

長いこと、アメリカで個人開業で心理療法をされたり、後進の指導にあたってこられたユング派心理分析家のリース滝幸子《たきさちこ》さんは、非常にむずかしい問題を提起されました。

「前に対談した折、先生が『心理療法をして普通人をつくろうとしているのではない』と言われたのですが、その言葉が気になっています。普通人であるより、精神病を患《わずら》っていきいきと妄想《もうそう》の中に生きているほうが幸せであるという意味にもとれるのですが、この普通人とは？」

そのときリースさんは次のように発言しておられました。

「ドラッグや酒をやめたけど、人間的に貧しくなったというのでは意味がない。酒をやめても、そういうエネルギーが使えるというようにならないと。（中略）

以前、てんかんの子どもの心理療法をやったことがあります。まだ小さい子なのに、ものすごい力持ちなんです。テレビは投げる、コンピュータは投げる、とにかく高いものばかり投げる。それで、みんな集まってきて、取り押さえたりするわけ。

ところが、心理療法をやって、お薬飲んだら、そういう爆発的なものがスッとなくなった。そのとき、私は、この子はほんとはさびしいんじゃないかなと思ってしまったんです。てんかんは治ったけど、あんなすばらしい、神みたいな威力《いりょく》を感じていたものがなくなっちゃうんですもの。その子は勉強もよくできるようになったし、うまくいっているんだけど、普通の人になったことで、本人はなんかさびしいんじゃないかって」

そこで私は、次のように対談を締めくくりました。

「一応外見は普通にしてないと、この世に生きていけないからね。普通の人になるというのは大変にさびしいことなんですよ。だからぼくは、心理療法というのは、普通の人にするのが目的ではないと思っているんです」

そして、対談後に、こう書きました。

「てんかんの子の症状がなくなったとき『この子はほんとはさびしいんじゃないかなと思ってしまった』とリースさんが述べているのは、重要な指摘である。私はこのことはすべての心理療法家が心に留めておくべきことであると思った。来談した人たちが『普通の人』になって、よかったよかったと手放しで喜んではならない。さりとて、普通でないほうがよい、と単純には言えない。このむずかしさをよくよく認識しているべきである」

リースさんも私も、考えていることは同じだと思います。リースさんは、てんかんの子の症状がなくなったときに、この子はほんとはさびしいんじゃないかなと思われたけれども、だからといって、その子がずっとてんかんのままでいたほうがいいと思われたわけでもないはずです。

私たちがこの世で生きていくためには、妄想があるより、ないほうが楽に生きられます。また、当人も、おそらく妄想があるより、普通になったほうが楽だと思っておられることでしょう。だからこそ、それを治してもらいたくて相談に来るわけですから。

この点に関して、私には忘れられない経験があります。

かなり症状が深い人でしたが、私のところで話をしたり、箱庭《はこにわ》などをつくったりしているうちに、感覚が研《と》ぎ澄まされてきたのか、そんなことは全然なかった人が、急にクラシック音楽をすごく好きになったり、むずかしい小説などを読むようになったりしだしたのです。たとえば、三《み》島由紀夫《しまゆきお》の小説を読んできて、そのことを感激して話され、それにはこちらも聴いていて感心するほどでした。しかし、その人自身は、「私はいつになったら治るんでしょうか」と言って、しきりに普通の生活をしたがっているのです。

そこで私は、「だけど、普通になるということは、朝起きてコーヒー飲んで、新聞読んで、満員電車に乗って、会社で決まりきった仕事をして帰ってくるだけなんですよ。いま、あなたはそんなことはせずに、クラシック音楽を聴いても、小説を読んでも、私らの理解を超えるくらいすごいじゃないですか。それに比べたら、そこらのみんな同じ生活をしている人たちと同じになるなんて、つまらんじゃないですか」と言いました。

すると彼は、はっきりした口調《くちょう》でこう言いました。

「先生、ぼくはそういう普通のことがしたいのです」

これには、私も愕然《がくぜん》とさせられました。

しかし、そういうこともすべてわかった上で、だからといって、私たちが普通の人をつくろうとしだしたらよくないのではないか、というのが私の考え方です。だいいち、私たちが、普通の人をつくろうとしたからといって、つくれるものでもありません。心理療法家が、クライエントを普通の人にしようなどと考えるのは傲慢《ごうまん》であり、大きな思い違いだと思います。

「年来の友人を失った心境」

普通の人が、普通の生活なんかつまらないと思っているのと同じように、妄想が起こったり、幻覚に悩まされている人は、とにかくそこから抜けだしたいと思っています。お互いに片方の世界のことしか知りませんから、相手のほうがよく見えたりもします。しかし、私たちは両方の世界のことを知っていますし、またそこをわかっていなければ、心理療法家とは言えません。

したがって、私たちはどちらがいいとか、どちらが悪いとかの判断はすべきではないでしょう。それをやったら、自分の好みをクライエントに押しつけることになってしまいます。

妄想がある人からそれをとって普通の人にしてやろうなどと考えるのではなく、だからといって、妄想のあるほうがいいとも考えることなく、ただ、妄想があるなら、そのあるということを尊重しようということです。その状態を尊重しているけれども、そちらのほうがいいとか悪いとかという判断はしないわけです。

妄想のある人は、そのときは普通の人になりたいと思っているでしょうが、箱庭をつくっているうちに自分で治って、いわゆる普通の人になったときに、すごく悲しくなる人もいます。リースさんが、てんかんが治った子がさびしそうに見えたというのも、その傾向のあらわれでしょう。私たちは、そういうことも、つねに知っていないといけない。

以前、がんこな幻聴《げんちょう》に悩まされていた人が私のところに来ていました。私と会っているうちにそれが完全になくなったらしく、「このごろ、幻聴がまったくなくなりました」と言うので、「それで、どんな感じですか」と聞いたところ、こう言われました。

「なんか、年来の友人を失ったような心境です」

やはりがんこな幻聴に悩まされているという芸術家の方が来たこともありました。「先生、この幻聴を、なんとかしてくれませんか」というわけです。そこで私はこう言いました。

「幻聴を取ろうと思えば取ることはできるでしょう。ただ、幻聴はなくなったけど、それによってあなたの芸術家としての独創性もなくなってしまったということになる可能性もありますよ」

そうしたところ、「しばらく考えさせてください」と言って、その日は帰っていかれました。そして、数日後に連絡があって、「よくよく考えてみましたが、もう少しこいつ（幻聴）とつきあってみることにしました」とのことでした。

先の人は、幻聴がなくなったことがまた一つのつらさになったわけですが、私たちは、治ったなら、治ったときのつらさもあるのだということを知っていないといけない。そのときに、こちらがまるで自分の手柄《てがら》かなにかのように勝手に喜んで、「やった。よし、今度、これを学会で発表してやろう」などと考えていたりすると、その人が自殺したりすることもあるのです。それは、こちらの気持ちが、その人の体験している悲しさからかけ離れていくからです。

普通の生活ができない苦しみと、普通の生活ができるようになった苦しみと、両方があるということを、私たちはつねに念頭に置いてクライエントと接していかなければなりません。私は、普通の人を幻聴があるようにしたいとも思わないし、幻聴のある人を普通にしようとも思わない。大切なことは、「しよう」、「つくろう」とはしないことです。私たちの役目は、どちらの事情もわかった上で、その人と一緒にいて、その人の流れについていくことです。

幻聴がなくなっても、また次のつらさがやってきます。それを、受けとめていかなければならない。そのときに、こちらが無理をしてもだめ、また、ただ漫然《まんぜん》と相手の流れについていくだけでもだめ、流れについていく自分がきちんと生きていなければ意味がありません。

とくに普通でない生活ができなくなった苦しみというのは、なかなかわかりにくいものです。誰だって、幻聴がなくなったほうがいいと思いがちです。しかし、それで万々歳《ばんばんざい》ではなく、それによって失うものもあるのだということもわきまえて、クライエントに会っていかなければならないのです。セラピストやカウンセラーがそこを間違えると、幻聴や幻覚は治ったのに自殺してしまったなどということにもなりかねません。実際にそういう事例の報告もわりとあるのです。

治ることの悲しさ、つらさもある

たとえば、これは私があつかった例ではありませんが、自分は変な臭いがしているから人に嫌われていると思いこんでいる人がいました。いわゆる幻臭《げんしゅう》というもので、自分の足の先からオナラが出るから、みんなから嫌われているんだと思いこんでいたのです。

この人が入院して治療を受けていましたが、やがて完全に治って退院しました。そして職場に復帰した最初の日の晩、家族は赤飯を炊《た》いて待っていたのですが、当人は裏山で首を吊《つ》って死んでいました。

本人はいやでしようがない幻臭も、その人にとってはなんらかの意味をもっているのです。なにかはわからないけど、なんらかの要求があるからこそ、そういうものが出てくるわけです。それがなくなって普通の生活に帰るというときに、急にこわくなってくる。

ほんとうは会社でなにかいやなことがあって、会社に行きたくないから、そういう症状が出ていたのかもしれません。それなら、入院して会社から離れていれば、自然におさまってきます。ところが、会社での問題は依然としてそのままですから、そこに復帰させられるのがこわい。まわりは赤飯を炊《た》いて喜んでいるから、「ぼくはほんとは会社に行きたくないんだ」とも言いにくい。それならいっそ死んだほうがましだということになる。とくに、まわりが「よかった、よかった」と大喜びしすぎると、よけい危険です。

だから、私は、治っていく人には必ず、「治ることの悲しさ、つらさもあるのですよ」という話をします。

やや事情は異なりますが、夫婦で悪口ばかり言いあっていたのに、片方が死んだとたん、もう片方もすぐに死んでしまうという例がときどきあります。口うるさい相手がいなくなってさぞやせいせいするかと思ったら、そうではなく、突っかえ棒がなくなって、自分も倒れてしまうのです。つまり、お互いに悪口を言いあうことでバランスがとれていたわけですが、悪口を言う相手がいなくなったら、生きていけなくなってしまうというケースもあるのです。

中高年の自殺に打つ手

リースさんとの対談では、主としてアメリカの中高年の人のお話をうかがいましたが、リースさん自身は日本の中高年、それも、最近のリストラの風潮と関連して、中高年男性の自殺の問題を気になさっておられるようです。

「日本で中高年男性の自殺が問題になっていますが、これを世話した弁護士会の人が、『この中高年の人たちは誰も医者やカウンセラーに診《み》てもらっていなかった。ぜひ企業にカウンセラーを置くように』と訴えているニュースを見たのですが、中高年男性の精神衛生について、どのようにお考えでしょうか」

日本で中高年男性の自殺が増えていることは、私も気になっているのですが、その中には、カウンセリングを受けていたら自殺を思いとどまったという人もかなりいるのではないでしょうか。実際に、本気で自殺しようとしていた人が、私たちと会っているうちに、自殺するのをやめたというケースは少なくありません。

そこで、自分が死にたいとか、死ぬという話をする相手がいないということが問題だと思います。とくに中年以降の人ですと、せっかく近くにカウンセラーがいても、そこに自分から行くことに抵抗を感じ、結局、一人で死んでいくという場合もあります。

このごろの若い人に、カウンセラーと会うことに対する抵抗感がなくなったのは、やはりスクール・カウンセラーの普及と、そういう人たちの努力のおかげでしょう。体の具合が悪くなったときに保健室に行くのと同じような感覚で、わりと簡単に相談室に行くようになりました。

カウンセリングを受けることに対する抵抗はアメリカにもありますが、日本の場合とは意味がかなり違って、分析を受けること自体に対する偏見からではありません。

アメリカでは分析医が発達し、多くの人が分析を受けていますが、わざわざ遠くの分析医のところまで行ったり、保険を使わず自腹で診てもらったりします。それは、アメリカのような競争社会では精神的なもろさも弱点になるため、自分が分析を受けていることを周囲に知られたくないからです。

とくに自分の地位を守らなければいけない人は、分析やカウンセリングを受けていることを隠そうとします。だから、アメリカの知りあいには保険なしでやっている人が多く、そこによく来るのは、一番がお医者さん、次が宗教家だそうです。

もっとも、まったく健康なのに分析医のところに通って、「自分の心の成長のために行っているんだ」と吹聴《ふいちょう》したり、ことあるごとに、「私の分析医はこう言っている」などと自慢げに語る人もいます。これは、一種のステータス・シンボルとして利用しているケースで、ほんとうに悩みを抱《かか》えて分析医のところに行っている人は、そのことを必死に隠そうとします。

日本では、かつては、「おかしくなった人を普通の人にするところ」と思われているふしがありました。だから、スクール・カウンセラーを実施するときには、誰も来てくれないのではないかと心配したのですが、その点は杞憂《きゆう》だったようです。彼らの努力によって、自分の生きる道を一緒に考えてくれる人なのだということがわかってきたからでしょう。

ただ、中高年の人の相談先に関して言えば、産業カウンセラーのあり方、企業側の考え方に問題があるような気もします。

開業している人でも、あるいは学校でも会社でも、力のあるカウンセラーのところには、とくに宣伝もしていないのに、クライエントがたくさんやってきます。力のないカウンセラーのところには、いくら大々的に宣伝してもクライエントは来ないし、最初は来ても、すぐに来なくなります。

このごろは産業カウンセラーの制度もかなり普及してきましたが、企業側はまだ軽く考えているのか、コスト節減のためなのか、あまり力のある人を入れていないように思われます。力のない人を置いておいても誰もやってきません。そこで、企業側は、誰も来ないなら経費の無駄だといって、カウンセラーそのものを廃止《はいし》してしまったりする。これでは、助かる人も助からなくなってしまいます。

カウンセリングによって自殺を思いとどまったというケースは少なくありませんが、その場合も、カウンセラーが相手の自殺を思いとどまらせようということを、あまり前面に出したのではうまくいきません。

死ぬほど苦しいとき

自殺者には律義《りちぎ》な人が多く、律義な人だから、変わることがよけいにしんどくて、それくらいだったら死んでしまおうという気になってしまうのでしょう。

人には、その人その人に人生の流れみたいなものがあります。長いこと、ある工場に勤めていて、この仕事に関しては自分よりできる者はいないと思っているときに、急にシステムが変わって、それまでのやり方が通用しなくなったりすると、そういう人は、苦しんで自分が変わるより、死んでしまいたいと思うようになったりします。

あるいは、そろばんでは一番だったのに、仕事がすべてコンピュータ化されたら、逆に自分が一番できない人間になってしまいます。いまは変化が速いから、そういうことがよく起こります。それにつれて、死んだほうがましだと考える人も多くなる。

それでも、日本の会社は、そういう人でもなんとか抱えこんでいこうとしますからまだましです。アメリカなどでは、使いものにならなくなったら、その場で解雇《かいこ》されることもあります。その点、アメリカのほうがずっと厳しいものがあります。ただ、日本人はこれまでそういうことにあまり慣れてこなかったから、自殺の増加という現象が起こってくるわけです。

人には、死ぬほど苦しいこともあります。そこを越えていかないと成長しません。ある意味では、死んで生まれ変わっていくとも言えます。中年くらいになると、誰でもそういうことを一度や二度は経験しているのではないでしょうか。そして、そういうときのために、カウンセラーというものがあるわけですが、それだけに、私たちのところに来る前に死んでしまわれるのは、いかにも残念です。

変化が激しいにもかかわらず、そういうところをケアできるような優秀な産業カウンセラーが少ないというのが、いまの最大の問題だと思います。

不安を大きくするもの

「神戸での震災《しんさい》以後、兵庫県や全国でも暴力性や破壊性にまつわるいろいろな事件が起きています。震災が直接的に関与したとは思えませんが、あの震災が日本人の心のなにかを動かし、なにかを開かせたように、日々の臨床を通じても思うことがあります。先生のご意見をお聞かせください」

石川敬子《いしかわけいこ》さんはカウンセリング・オフィス神戸同人社のスタッフとしてカウンセリングをされていますが、阪神淡路大震災にあわれて、ご自身も精神的なダメージを体験されたそうです。また、そういう方々の心のケアにあたってこられました。質問の中に震災のことをもちだされたのは、そういう経緯《けいい》があったからだと思います。

石川さんのように、人間の心のことを研究され、訓練も受けられて、現実にカウンセリングにあたってこられた方ですら、精神的ダメージを回避することができなかったわけですから、あの大震災によって一般の人が受けた心の傷は、そうとうなものだったと推察されます。

ただ、石川さんも書いておられますが、震災と、たとえば中学生による児童殺害などの凶悪《きょうあく》な事件との間に直接的な因果関係があるかどうかは、一概には言えないと思いますし、凶悪犯罪自体、最近になって急に増えはじめたものかどうかも、一度考えてみる必要があるような気がします。

たとえば明治時代にも、猟奇的《りようきてき》殺人のようなことはいっぱいありましたし、一般の人も興味を寄せていたように思います。そういう事件が、いまとどっちが多いかわからないし、殺人事件などは、ひょっとしたら、いまのほうが少ないかもしれません。

いまはメディアが発達、多様化している上に、メディア間の競争などもあって、ことさらセンセーショナルに書きたてないと、一般の人が関心をもたなくなっています。どこそこの家は幸福に暮らしていますなどというのは、記事にも話題にもなりません。そういったところも、差し引いて考える必要があるでしょう。

誰でも「昔はよかった」と言いたがっているところがあります。しかし、この言葉は、何千年もの間、人間が言いまわしてきたものです。「いまどきの若いやつは」などという言葉は、それこそ紀元前から言われてきたのではないでしょうか。そういうことも考える必要があると思いますし、ジャーナリストの方は、一度そういう統計をきちんと取ってみたらどうでしょうか。

いつの時代にも、社会というのはそういう不安をつねに内在しているものですが、ただ、近代以前は、宗教のような超越的なもので救われていました。ところが現在は、そういう部分が非常に希薄になっていますから、凶悪な部分が表に出やすくなっているとは言えるかもしれません。

私たちはそうした目に見えない超越的な束縛《そくばく》から解放されてずいぶん便利になり、おもしろおかしく生きることができるようになりましたが、その分、不安はどうしても大きくなります。

人がなにかに頼りたくなるとき

次に石川さんは、次のような問いかけをされています。

「心理療法の仕事がここ数年で日陰の存在から表に立たされる存在へ変化したという実感があります。やっと理解されるようになったという思いと同時に、とまどいもあります。私たちはこれからどのようなことに気をつけていけばいいのでしょうか」

もともと心理療法には、陰の仕事みたいな要素があります。縁の下の力もち的な存在であるべきもので、正しく理解されるのは歓迎すべきことですが、かといって、それがあまり表に出てきて威張《いば》りだすと、ろくなことはありません。

「私にはわかります」とか、「私には治せます」、「私がしてあげます」などと慢心し、傲慢《ごうまん》になっていたら、いっぺんにだめになると思います。そういうことに対する自戒《じかい》の念をいつもはっきりともっている必要があります。

私たちはそれなりに専門の勉強をし、訓練も受けていますから、素人の人がびっくりするくらいのことは言えます。しかし、そういうことを得意になってしゃべり、それで喜んでいたのではどうしようもありません。

カウンセラーやセラピストをよそおった詐欺師《さぎし》も困りものですが、ペテン師まがいの心理学者はもっと有害です。

社会が不安になると、みんな、どうしてもなにかに頼りたくなります。自分で考え苦しんでいるより、なにかに頼るほうが楽だからです。そこに落とし穴があるわけで、詐欺まがいのことは、やろうと思えばいくらでもできます。

だいたい人間というのは、ほとんどの人が催眠《さいみん》にかかりますから、類似催眠状態にすればいろいろな劇的なこともある程度可能です。学校へ行かなかった子が翌日から行くようになったとか、夜尿《やにょう》がピタリととまったとか。軽い場合は、それでもいいかもしれませんが、重い場合は後でぶり返しが来て、非常にむずかしくなります。

第三章　心との対話法

自我と無意識の世界

「心理療法のプロセスの中でクライエントの心の深いレベルが活発に動き、それが夢や箱庭《はこにわ》などによって治療者に伝えられることがあります。そして、その中で躍動《やくどう》しているイメージなどから癒《いや》す力を得ることによって、現実的なレベルの問題にも取り組んでいけるようになるという治療の流れはよく体験します。

ところが、夢などの内容についてのイメージを語るときには、とても深い洞察《どうさつ》やいきいきとしたエネルギーを汲《く》みだすことができているのに、それがまったく現実レベルにつながらない方もおられます。現実的なレベルの話題になるとたんに、症状レベルの訴えのくり返しになったり、現状が変わらないことへの不満だけが語られるのです。そして、『夢でいろいろなことがわかったからといってもなんにも役に立たない』と夢を否定されます。しかし、夢は継続して報告されるのです。自我がどんなに否定していても、どこかで夢のメッセージを必要としていることの証《あかし》なのだろうと考えてはいますが、無意識から得た力を現実レベルにどうつなげていけばいいのかわからなくなることがあります。

このようなクライエントの状態をどう考えればいいのか、治療者はどのような姿勢で取り組めばいいのかをお聞きしたい」

岩宮恵子さんはスクール・カウンセラーとして第一線におられる方ですが、重い神経症者の治療をしておられます。ここでは、自我と無意識のことを問題にされています。クライエントの中にはたしかにこういう人がいます。それも、欧米人より日本人のほうに多いように私は思います。

欧米人の場合、自我が強く、現実把握《はあく》ができていて、自分なりの判断力を明確にもっています。また、自分の内面に対しても、自分がどんなことを感じているか、自分はどういう欲望をもっているかということがよくわかっていて、そういうものを全体的に統合して生きています。というより、そのようにして意識的な自分というものをきちんとつくりあげておかないと生きていけない世界ですから、そこの部分がすごく鍛《きた》えられています。

ところが、日本の社会は西洋などと比較すると、かなり相互依存的なところがありますから、そのへんが多少あいまいでも生きていくことができます。むしろ、あまり明確な判断を示したりすると評判が悪くなって、生きにくくなります。だから、あまりそういう意識的なものを前面に出さないで生きている人が多い。

ここでユングの考える心の構造を簡単に図示してみます。次ページの図で、自我がある程度の強さをもっている人は、イメージの世界に注目すると、まず個人的無意識の内容があらわれてきます。それについての長い分析経験を経た後に、それより深い普遍的無意識にイメージを通じて接することになります。そうなると、そのイメージは神話的な内容になってくるし、それにともなう感情体験も深くなってきます。そのような経過を経ずに、なんらかの条件によって、普遍的無意識の力が強くなって、それが直接的に自我に作用してくると、そうとうな心理的危機におちいり、ときには精神病的な症状を示すことさえあります。

ところが、日本人の中には、西洋的に言えば弱い自我をもち、無意識の深い世界との接触がありながら、周囲の人たちとの微妙なバランスの中に生きている人がいます。このような人はイメージも普遍的無意識の内容が生じてくるので、非常に深いのですが、それを自我に統合して生きていくということはありません。ある意味で言うと「柳に風」と生きているわけで、現実生活のほうはなんにも変わらないのです。このような人の場合、周囲の人がおもしろい人だと思いながら、少しずつ迷惑を受けたりしていることがよくあります。

こんな人の場合は、夢の内容はたしかに深いと言えますが、だからと言ってこの人が有能であるとは言いがたいし、夢の分析を通じて変化していくということがあまり期待できないのです。

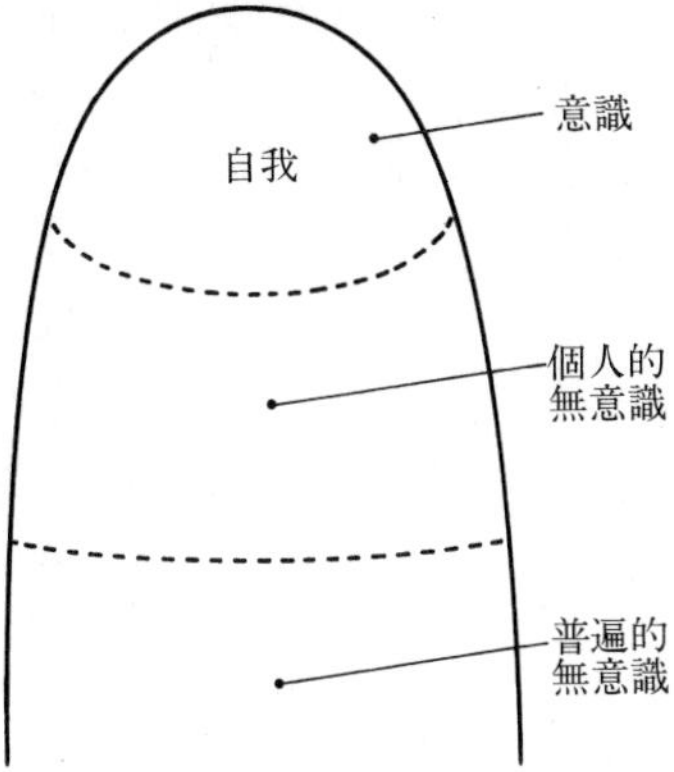

イメージの世界

この点で、日本人がスイスやアメリカに行ったときに、向こうの人からよく誤解され、すごい才能をもった人が来たと思われて、「こういう人こそ分析家になるべきだ」などとほめられる。

つまり、日本人が分析を受けるために自分の夢をもっていくと、向こうの分析家はその夢だけを見て、「うーん、これは深い。そうとうな人に違いない」と思ってしまう。しかし、実際は自我が弱いためにそういうところが夢に出てきているだけなのに、そこを勘違《かんちが》いして、日本人を過大評価してしまう。だから、岩宮さんも言っておられるとおり、そのへんの見分けが非常にむずかしい。

私の場合、日本人のそういうところがわかっていますから、そんなわかりやすくおもしろい夢が出てきたら、むしろ警戒し、夢の話はやめて、現実の話をさせるようにします。つまり、そうやって自我を鍛えるわけです。

しかし、深い夢を見る人は、自我のほうを重視すると苦しいから、来なくなったりします。そこで、自我を鍛えながら、適当に夢も聴いたりしていく。そのときに、どんなにおもしろい夢をもってきても、こちらがあまり感激しなければいいのです。夢の話は適当に聴いておいて、それにはあまりふれず、「このごろ、どうしてますか」とかいうように、現実の話を聴いていく。

明恵上人《みょうえしょうにん》（鎌倉時代の僧。自分の夢を記録しつづけて『夢記《ゆめのき》』をあらわしたことで知られる）のように強力な自我をもちつつ、深い夢を見るのはすごいと思いますが、自我が弱いために、夢がいきいきとしたものになるという場合は、注意を要します。

思春期の夢には、現実とこんがらがって、どこまでが夢でどこまでが現実かわからなくなるようなケースがありますが、大人になってもそれをやっている人がいます。そこを見きわめることがかんじんでしょう。夢や箱庭を現実につなげていこうとするより、現実の中でクライエントの自我を鍛えていくことに主眼をおいて会っていったほうがいいでしょう。自我の確立につれて、そういう夢もしだいに見なくなると思います。

無為になって聴く

「症状の消失とか現実的な成果とかを直接的にはめざさない心理療法もあるように思います。もちろん、基本的には現実レベルの改善をめざして心理療法を行っているのですが、実感としては、終結時期を現実の変化にゆだねることのできないような、長期間におよぶ心理療法の需要が増えてきているように思います。このような心理療法の存在する意義を教えていただきたい」

岩宮さんの二つ目の質問ですが、先に取りあげた例でもわかるように、自分の臭いが消えたと喜んでいたら、クライエントが自殺したという例もありますから、臭いを消すほうばかりに目を奪われていると危険です。かといって、その人が人生をどう生きているかが問題だから、症状なんか問題ではないという考え方も間違いです。

症状にとらわれすぎないほうがいいけれど、症状も人生の一部ですから、それを無視したり、忘れたりしてもいけない。そのあたりの加減がむずかしいところです。

心理療法にもいろいろな種類があって、中には、現実のほうにばかり注目するという療法もあります。もっともわかりやすいのは、行動療法です。

たとえば高所恐怖症で、階段をのぼるのもこわいという人がいます。行動療法ですと、階段の三段目から上がこわいとすると、まず二段目までのぼらせて、三段目に片足を置かせ、こわかったら無理せずそこでやめる。努力して三段目までのぼれるようになったら、四段目をやるというように、段階的に上げていって、屋上まで行けるようになったらおしまい。このように、症状の消失だけをねらった療法もあります。

私たちは全体的にいろいろなことを理解しながらやっていこうとするけど、行動療法をやる人は、クライエントの内面はあまり問題にしません。それで高いところにも平気でのぼれるようになりますから、すごくわかりやすいし、効果も早く出ますから、いまアメリカではこの行動療法が非常にさかんです。これこそほんものの心理療法だと主張する人も少なくありません。

その点、私たちの療法は、「しよう」、「つくろう」とはしないやり方ですから、とにかく時間がかかり、敬遠《けいえん》されがちです。

ところが、行動療法も内面的なことも両方わかる心理療法家から、こんな話を聞いたことがあります。その人はアメリカでセラピーをしているのですが、ある症状が行動療法によってすごく早く治《なお》ったので喜んでいたら、何年かたって、その人がまた同じ症状が出たということでやってきた。そこで、また行動療法をやろうとしたところ、「先生、もうそれはいいです」と言う。「では、どうしてほしいのですか」と聞いたら、「私の話を聴いてほしい」。それでその療法家は、長い目で見たら、話を聴いたほうがいいかもしれないと言っていました。

しかし、このあたりを評して、「行動療法は表面的だ。われわれは内面の深いことがわかっている」と言う人もいますが、これもそう簡単には言えないことです。階段を三段しかのぼれなかった人が、五段までのぼれたというのは、考えてみればすごい変化ですが、そういうことをやっていることによって、その人の内面や心が大きく変わっているかもしれないからです。行動療法をやっている人はそういうことをあまり問題にしませんが、内部ではそういう変化が起こっているのかもしれない。

また、一概《いちがい》に行動だから浅い、心のはたらきだから深いとも言えません。「あいつは嫌いだ。殺してやる」と言うのは内面的ですが、言っていることはきわめて表面的とも言えます。

私は、行動療法と私たちがやっていることとは、ひょっとしたらあまり違わないかもしれないと思うこともありますが、いずれにせよ、症状だけに注目して、それだけで喜んでいたのではだめで、先ほどの両方できる先生も、心も必ずパラレルになっていて、行動療法によって階段を五段までのぼれるようになった人も、「小さいころには……」というように自分のことを話すようになるとのことです。

私たちは、高所恐怖症の人が来ても、階段をのぼらせたりはしません。「一歩ものぼれません」というクライエントの話を〝無為《むい》に〟聴いているだけです。そして、次に来たときも、同じことをくり返します。こちらがほんとうに無為になって聴いていればたいてい治りますが、うまくいかない場合も出てきます。それは、治療者がほんとうにそこにいないからです。

相手が階段が一歩ものぼれないということを聴いて無為でいるというのは、普通の人にとっては非常にむずかしいことですが、その大変なことをやるのがプロです。

一山越えたあと

質問の中で岩宮さんは、「実感としては、終結時期を現実の変化にゆだねることのできないような、長期間におよぶ心理療法の需要が増えてきているように思います」と述べておられますが、実際にそのとおりです。

たとえば階段をのぼれない人が来たとします。そして、会っているうちに階段がのぼれるようになったとしても、なかなかそこで終わりとはなりません。そのことがきっかけで、さらに深い課題に挑戦しようとすることが多いからです。そういう事例がたしかに増えてきていて、私たちも、そこで終わりにはできない。

だから、私は、階段がのぼれない人がのぼれるようになったときにも、こちらから「では、これで終わりにしましょう」と言わず、「一山《ひとやま》越えましたね」と言うようにしています。そうすると、「では、このへんで」と言って終わっていく人と、さらに二山目に挑《いど》む人がいます。実際に、私が「一山越えましたね」と言ったところ、「はい、先生、これから二山も三山もいきますよ」と言った人もいました。

もっとも、次に行くのだったら、治療者はクライエントに、なんのために、なにをどうしようとするのかをはっきりと認識させておく必要があります。クライエントは一山越えて二山目に入るのは苦しいから、うろうろして時間をつぶそうとしたりするからです。

その意味でも、料金は取っていないとだめなのです。これが無料だったら、クライエントはいつまでもぐだぐだして、なかなか先に進もうとはしないでしょう。しかし、その人がお金を払っていたら、払った分に見合う時間を使わなければ損ですから、先に進もうとします。

どこまで共感できるか

岩宮さんもまた、自分の心理療法家としての資質や器量《きりよう》を問題にされていますが、経験を積めば積むほど、こうした疑問が出てくるものなのです。

「治療者の個人的な体験の中に共感の種を見つけ、それを拡大し、イメージをふくらませることで理解を深めるだけでは、共感に限界があるケースも多いように思います。専門的知識で補《おぎな》える部分もあるとは思いますが、個人の体験を超えたところでクライエントに共感していくためには、どのような方法が考えられるのか教えてください」

まずはクライエントに共感することからはじめますが、そのとき、誰でも自分の個人的体験から出発します。しかし、自分では実際に体験していないことでも、自分の体験をふくらませることで、そうとうなところまで入っていけます。男であっても、女の人にも共感できます。それに、私たちは専門知識を学び、特別の訓練も受けていますから、自分の体験をさらに理論的にもふくらませていくことができます。

もちろん、岩宮さんはそういうことも理解した上で、それでもなお限界があるのではないかと書いておられるわけですが、そのとおりです。どんなに訓練を受け、いかに多くの経験を積んでも、全部がわかるなどということはありえません。カウンセリングを受けにくるような人は、みんなそれぞれに深い問題を抱《かか》えていますから、私たちのやっていることは、つねに新しい発見の連続であり、新しい限界との遭遇《そうぐう》とも言えるわけです。そこを共感していくためには、さらに新しい努力が必要になってくるわけです。

私の場合、なかなか共感できなかったのが、男性の同性愛でした。だから、なんとか理解しようと、三島由紀夫《みしまゆきお》の小説なども読んだりして、私なりにずいぶん努力しました。この仕事を一生懸命やろうとする限りは、つねにこうした努力を欠かすことはできません。

ただ、その努力にも仕方があって、なんでも自分で実際に体験してみる必要はありません。同性愛の心情を理解するためだからといって、自分で実際に同性愛を体験する必要はありません。ものごとの理解というのは、見るとか聞くとか読むとか、いろいろな方法でふくらませることができます。

高校生のクライエントがミュージシャンのなんとかが好きだと言ったからといって、それを私たちが彼らのように「おっかけ」までやって全部聴いていたら、たまったものではありません。たとえば、「太宰治《だざいおさむ》が好きだ」と言うクライエントの心情に共感しようと思ったら、その人に「太宰のどんなところが好きですか」と聞けばいいわけです。それだけでも、共感の限界をかなりふくらませることはできます。

もちろん、むずかしいクライエントの場合、その程度ではとても追いつきませんから、そのCDを買いこんできて聴いてみることも必要です。私は、むずかしい場合はそうしています。それで、次の面接のとき、「あなたが言っていたミュージシャンのCDを聴いたけど、ちっともおもしろくなかったよ」などと言うと、「なに言ってるんですか、先生」と、そのおもしろさについて、とうとうと教えてくれます。そうすると、「ああ、この子はこんなことに感心しているのだ」

ということで、その子の考えや生き方などがわかって、こちらの共感がさらに進んでいきます。あるとき、「私の心境は太宰の『人間失格』です」と言った人がいました。ところが、同じ日に別の人が来て、「私は『人間失格』がすごく好きです」と言う。こういうことがよくあります。個人的には関係ない複数の人が、三島の『金閣寺《きんかくじ》』に感動したとか、同じようなことを言ったりします。

それだけ重なるからには、そこになにかしらのメッセージがあるはずですから、そういうときはどんなに忙しくても、必ず読んでみます。

どんなに資質があっても限界は誰でも感じるものですし、それを破るのは、やはり努力です。

よくクライエントから、「あの先生はぼくのことをわかってない。どうしたらいいですか」というような相談を受けることがありますが、カウンセラーが自分のことを共感してくれないと思ったときには、そのことをきちんと言ったほうがいい。

ただ、クライエントがそう思うときには、また別の意味もあって、自分が一つの山を乗り越えるのが苦しいときには、ほとんどの人がそう思います。それは、相手のせいにするというより、自分が山を乗り越えようとしていることに気づいていない場合が多い。しかし、実際に苦しいから、それを、「どうも先生はわかっていないらしい」とか、「どうもこのごろ熱心でなくなったようだ」とか、そういうふうに感じてしまうわけです。

だから、クライエントは、そう思ったときにはカウンセラーにそのことを言ってみればいい。そうすれば相手からも答えがあって、それでお互いの距離が縮《ちぢ》まってきます。

「コミット」とはなにか？

川嵜克哲《かわさきよしあき》さんは学習院大学で助教授として教鞭《きょうべん》をとるかたわら、夢分析などによるカウンセリングをされておられますが、「コミット」の意味についてのご質問を受けました。

「カウンセリングに関して『コミット』という言葉はとても重要なものと思いますし、実際、われわれはこの言葉をよく使うと思います。ところが、『コミットとはなんですか』と聞かれるとなかなかうまく答えられません。『クライエントさんにコミットする』という場合、これは単にクライエントに対して熱意をもって治療者が頑張《がんば》るというものではないでしょう。私としては、たとえば、クライエントが夢を見るレベルに対して、同様に治療者も自身が夢を見るようなレベルでそこにかかわっていくことといった印象をもっています。つまり、カウンセラーからクライエントへという単純な横軸ではなく、クライエント自身が有する内的なものという縦軸に対して、カウンセラーも同様の縦軸をもってそれを重ねあわせていくというようなイメージを私はもっているのですが、あまり、うまくない表現だなあと感じます。河合先生、コミットとはなんでしょうか」

「コミット」とは一般的には「ゆだねる」とか「かかわっていく」とか訳していますが、この言葉の本来の意味は、アメリカの友だちから聞いたところによると、いまはポジティブに使われているけれど昔はネガティブな意味だったということです。

キリスト教文化圏では、神というのは絶対の存在です。だから、みんな神の言うとおりに生きていたらいい、人間が下手にコミットするとろくなことはないというのが本来の意味のようです。

たとえば、commit suicide と言えば「自殺する」ですし、commit adultery と言えば「不倫する」ことで、commit a crime は「罪を犯す」こと……どれもいい意味ではありません。ようするに、神の意からはずれた人がおかしなことをするのがコミットで、したがって本来はマイナスのイメージだった。

ところが、近代以降、人間の自我が強くなり、神と離れていったときに、人間はもっといろいろなことに自分からコミットしていかなくてはならないのではないかという考え方が出てきて、しだいにプラスのイメージに変わっていったというわけです。

日本人は昔から唯一の神ではなくて、森羅万象《しんらばんしょう》に尊崇《そんすう》の念を抱いて生きてきました。自然のままに生きている人間はコミットはしません。コミットするというのは、日本の美学に反するところがある。だからでしょうか、日本語には「コミット」に対応する適当な訳語が見つかりません。

川嵜さんならずとも、改めて「コミットとはなにか」と聞かれても、日本人ははっきり答えることができないわけです。しかし、日本もだんだん西洋化されてきましたから、われわれとしても、コミットの意義を考えてみる必要が出てきました。

「コミット」がプラスの意味に使われるようになると、どうしてもコミットのレベルが浅くなりがちです。たとえば、「借金で困っている」というクライエントが来たときに、「では、私がお金を貸しましょう」と言ったのでは、クライエントはそれによりかかってきて根本的な解決にはなりません。このようなコミットのしかたではレベルが低く、いわば「小さな親切、大きなお世話」といった感じになってきます。

私たちがクライエントにコミットする場合には、川嵜さんも言われるように、外的現実ではなく、心理的にコミットすることになります。借金で困る人生を私自身が内的にどれほど生きるかということになります。

通常、コミットという言葉が外的現実についてのみ使われすぎていますから、コミットのレベルというものをよく考えなければならないでしょう。

質問によって答える

たとえば、「私は妻とこんな喧嘩《けんか》をしました。あんなやつとは離婚したほうがいいでしょうか」と相談されたとき、こちらから「うーん、離婚したほうがいいと思いますか」と聞き返したりすることがよくあります。こういうのを「アンサリング・バイ・アスキング」（問いかけによる答え）といって、答えているようだけど、なにも答えてはいない。すると、クライエントはさらにその先を自分で考えていかなければならない。

その人が自分で考えて成長していくわけですから、これはこれで意味のある応答法です。「それは絶対に離婚しなさい」とか、「絶対に別れるべきではありません」などというのは、深いレベルでのコミットにはなっていません。

しかし、セラピストが「アンサリング・バイ・アスキング」ばかり形式的にやっていると、だんだん相手を突っぱねたかたちになってきて、治療者はコミットしていないことになる。そうすると、クライエントは腹立たしくなってきて、来なくなります。かといって、コミットが「よけいなお世話」的な浅いレベルになってしまってもいけない。川嵜さんが考えておられるのも、その微妙なところだと思います。

クライエントがいくらお金に困っているからといって、絶対にお金を貸すようなことをしてはいけない。これはカウンセリングの鉄則ですが、それと似たようなコミットのしかたをして失敗している例がかなりあります。

おもしろいのは、フロイト自身、そういうことを絶対にしてはいけないということをさんざん書いていますが、彼自身、かつてはクライエントにご飯を食べさせたり、お金を貸したりしているのです。その誤りにあとで気づいて、そういうことを書くようになるわけですが、ただ、そういう規則破りも、ときとして意味をもつことがあります。

しかし、意味をもつことがあるということは、大失敗する可能性もあるということです。コミットに失敗したら、クライエントを死なせてしまうことにもなりかねませんから、よほど注意が必要です。

そうは言っても、どこまでが浅く、どこからが深いかということは、はっきりした境界線があるわけではありませんから、私たちはつねにそういう迷いの中にあるとも言えます。最低限の条件として、原則をきっちりわきまえていなければならないし、できる限り原則の中でやっているわけですが、ときとして、ここははずしたほうがいいかなという場合もある。その判断は非常にむずかしいものです。

クライエントの中には、「自分がこう言ったら、先生はお金を貸してくれるはずだ」と思っている人もいます。しかし、私たちとしては、そのような期待に沿うわけにはいきません。そういうことで、私自身、非常につらい思いをした経験があります。

クライエントの話があまり悲しい内容だったので、帰宅してから、その人に、「あなたのお話をただ聴いているだけでなにもできませんでしたが、それが私には非常につらかった。しかし、頑張って生きてください」というようなことを手紙に書こうとしました。

私の手紙を書こうとしているという気持ちは、不思議に相手も気づいていて、その人は、帰ってから郵便受けばかり見にいっていました。ところが、私は手紙を書きたい気持ちをぐっと抑えて、書くのをやめました。カウンセリングの原則からいっても、そういう手紙はできるだけ書いてはいけないと思ったのです。

ところが、このときに、偶然とは思えないようなことが起こりました。その人が郵便受けをいつも見にいっていたけど、まったく手紙が来ていませんから、「なんだ、河合もわかったような顔しているけど、ほんとうに同情してくれているわけじゃないんだ」と思って悲観しているところに、昔の同級生がひょっこり訪ねてきたのです。それで、その同級生といろいろ話しあって、しだいに友情を深めていきました。

考えてみれば、そちらのほうで新しい人間関係をつくっていけたのですから、私から手紙なんか受けとるよりずっといいわけです。私が手紙を出していたなら、訪ねてきた同級生にもあまり多くを語ることはなかったかもしれません。そうすると、ますます私との関係ばかりになってしまいます。

では、そういうときには絶対に手紙を出さないほうがいいかというと、それもまた一概には言えないのがむずかしいところです。このケースでは、たまたま同級生が訪ねてきていい結果になりましたが、そう都合よく、いつでもそういう人があらわれてくれるわけではありません。先に紹介した例では、十三年目に返事が来て、私が出した手紙がずっとその人の心の支えになっていたということですから、手紙を出したことも意義はあったわけです。

することは同じでも、時と場合によって、そのコミットのレベルが浅くもなれば、深くもなりますから、そのあたりの判断は非常にむずかしいところで、最後には勘に頼るしかないのではないかと思います。ただ、絶対に忘れてならないのは、できるだけそういうことはするなという原則です。原則を逸脱《いつだつ》することをしても、そのことをわかった上でやるのと、知らずにやるのとでは、結果も違ってきます。

説明しすぎると……

私はあるクライエントから、「先生はなにもしない人だと思ったけど、ほんとうになにもしませんね」と言われたことがあります。そのとき私は「ほんまにそうやなあ」と言ったのですが、まさにそれが私たちの原則で、それによってその人は自分で頑張っていくわけです。だから、クライエントからそういうことを言われたら、私にとっては成功なのです。クライエントがそういうことを言えるようになったこと自体、自立してきた証拠です。

対応でもっともまずいのは、「ほんとうは手紙を出そうと思ったんだけど、出すとあなたが依存的になると思ったからやめたんだ」とかなんとか、あれこれ説明することです。あまりしつこく説明すると、こちらのやっていることが絶対的に正しいということになってきて、クライエントが文句を言えなくなってしまいます。それでは自我が鍛えられていきません。だから、相手に文句の言える余地を残しておくほうがいいわけです。

教師や親がよくやる失敗は、あまりきれいに説明しすぎることです。これでは子どもは口で反論できませんから、しかたなく手が出る、足が出るということになり、校内暴力や家庭内暴力に発展するわけです。子どもにしたら、暴《あば》れるよりしようがない。周囲がそのように仕向けてしまっているのです。言葉で攻撃できる余地を残すことが必要です。

だめなものは、理屈抜きではっきりと「だめ」と言ってやることも必要です。

定石どおりにことは運ばない

川嵜さんの次の質問です。

「たとえば、不登校の人が来た場合、単純に学校に行くのがいいことであるとして、それを目標にカウンセリングしていこうというような人はいないと思いますが、しかし、実際のカウンセリングにおいては、ある種の変容が起こり、ある着地点に収束《しゅうそく》していくことが多いのも事実です。不登校の人が学校をやめて新たな方向で人生を開いていくこともあれば、逆に学校に戻ってそこで意味のある経験を重ねていくといったように。

私たちはなるべくカウンセラーの思惑《おもわく》でそれをコントロールしないでいきたいと思ってやっていますが、あるかたちで着地したときに、カウンセラーとしては、『ああ、よかったなあ』と感じるときがあるのも事実です。また、こういった感触がなければ治療の『終結』という言葉を使わないと思います。

しかし、カウンセラーがよかったと感じる着地点が、もっと大きな視野から見たら、むしろ異なる方向での可能性を邪魔しているのではないか、カウンセリングを通してこういうかたちにおさまっていったことがほんとうによかったのか、という疑問がどこかにあります。このようなことに関してなにかご示唆《しさ》していただければと思います」

心理療法家がクライエントにコミットしていく限り、着地点をまったく想定しないということはありえません。ただ、そういうのをもっていても、それを絶対視しないということがかんじんなのです。

「この人は学校へ行かなくても、自分でなにか有意義なことをやるのではないか」と思ったり、「この人は学校のことで相談に来ているけど、母親との関係が問題で、その改善のほうに向かうのではないか」とか、こういうことは誰でも思っています。しかし、こちらからそのようにもっていこうとしてはいけない。こちらがそう思っても、間違っているかもしれない。思いこみの強い人は、どうしてもそちらにもっていこうとしがちですが、これは非常に危険なことです。

たとえば、学校のことで相談に来ている人に対し、心理療法家が着地点を母親との関係に想定したとすると、「お母さんをどう思うか」とか、「お母さんはどうしているか」とか、母親のことを熱心に聴こうとします。そうすると、それがクライエントに対して一つの方向づけになってしまって、ゆがめられてしまう可能性があるわけです。

自分の思っている着地点と違うことが起こったときは、また考えなおさなければなりません。そのときに「なぜ自分はそういう着地点を考えたのだろう」と考えることで、それまで気づいていなかった自分のパターンがわかったり、あるいは再認識したりします。こういうことが、経験を重ねるということです。

また、相手にそういうことを言ったりするのも、意味があります。「私はこうなると思っていたけど、違うことが起こったな」と言えば、クライエントにもなんらかの考える機会が与えられることになります。

このようにしていけば、たとえ着地点を考えていても、それによって別の可能性の芽が摘《つ》まれることはなくなります。着地点というのは、むしろ考えて当たり前です。無為でいるということは、なにも考えないということではありません。

私自身、クライエントに対したときには、いろいろなことを考えています。着地点も一つではなく、幾種類も考える。こちらの読みと相手の考え方が一致したときはスムーズに終わりますが、そうはいかないときも少なくありません。私は、だからこそこの仕事がおもしろいと感じているくらいです。

勝負ごとでもなんでも、いつも定石《じょうせき》どおりにことが運んでいたら、おもしろくもなんともありません。スポーツにしても、そういつも作戦どおりにいくとは限りません。だから、やりがいがあるわけです。

自分からクライエントを選んで、むずかしい人を回避していたら、それはこちらの思惑どおりに終わることが多いでしょう。しかし、だから心理療法家としての技量がすぐれているということにはなりません。こちらの着地点とクライエントの着地点が違うことによって、自分自身も大きくなっていきます。やはり、いろいろな経験を重ねることが大切です。自分の資質を疑いながら、心理療法家も成長していくのです。

いかに豪腕《ごうわん》ピッチャーでも、力関係からしたら三振をとるのが当たり前と思っているバッターに打たれたりするから、次は考えるわけです。カウンセリングでもそういう勝負的要因がずっとはたらいています。

それから、「ああ、よかったなあ」と感じることに関してですが、あまりこちらが考えていたとおりにスイスイといってしまったりすると、どうも浅いレベルでまとめられてしまったような気がして、「これは、ちょっと読みが浅かったかな」と考えてしまいます。

うまくいかなければ、自分の資質を疑うし、うまくいっても、これはまずかったのではないかと疑うし、その意味ではなかなかやっかいな職業ですが、しかし、スポーツマンなどもみんなそうだと思います。あるところで満足したり、慢心《まんしん》したりしたら、それは現役《げんえき》引退の時期です。

「問う」こと「問われる」こと

川嵜さんはまた、「問う」こと、「問われる」こと、「答える」ことの重大さを指摘されています。

「いま、こうやって河合先生に『問う』ているわけですが、『問う』ということは恐ろしいことだと思います。『問う』ということは、『問われる』ことでもあるわけですし、禅問答《ぜんもんどう》なんかをみてますと、なんか『殺しあい』というか(実際、『問う』ことと『殺す』ということは深い関係があるように思いますが)、命をかけてやっているなあという印象がします。カウンセリングにおいてのクライエントの『問い』も同様のことだと感じています。実際、クライエントがカウンセラーに、『治るんでしょうか』とか、『なにが原因なんでしょうか』、『自殺してもいいですか』

などと『問う』てくることがありますが、このようなクライエントの『問い』に関してなにかコメントをいただけますでしょうか」

禅では、「答えは問処《もんしょ》にあり」と言われます。つまり、答えは問うところにあるというわけです。川嵜さんにしても、いかにも質問しているようで、答えは自らもっておられます。問いの中に答えを内包《ないほう》しながら問うているわけです。アマチュアだったらこのような質問はしません。「問う」こと、「問われる」ことのこわさを感じていない人に、このような質問を発せるはずがないからです。

そういう意味では、クライエントの問いに対して、カウンセラーはものすごく考えなければならない。普通の意味での質問と答えとはまったく違った重みをもっています。ときには、そこに命がかかることもあります。

「治るんでしょうか」とか、「なにが原因なんでしょうか」というのは、クライエントが必ず聴いてくる問いですが、それに対しても、非常に多くの答え方があります。たとえば、クライエントが「なにが原因なんでしょうか」と聞いてきたら、たとえば因果関係がわりとはっきりしている外科の医師などは、その原因を明確に答えようとしますが、私たちの場合は、「うーん、なにが原因なんでしょうかね」と、同じ言葉を返すことが多い。前述した「アンサリング・バイ・アスキング」です。そうすると、クライエントが自分で考えようとします。

ただ、そのときに、「あなたはどう思いますか」というふうに返すと、相手を突き放したことになります。クライエントは、「そんなことは自分で勝手に考えろ」と言われたように受けとります。そこを、「うーん、なにが原因なんでしょうかね」と答えれば、相手は、「ああ、この人も考えてくれているんだな」と感じます。「私も考えるし、一緒に考えましょう」という雰囲気をつくることが重要なのです。

もちろん、そればかりやっているわけではなく、「なにが原因なんでしょうか」と言われたときには、「私は原因には関心をもっていません」という答え方もできます。そうすると、相手は、「おっ、これはちょっと変わった人だな」と思い、そこに共感の場が生まれてくることもあります。

このように、そのときその場でいろいろな答え方があります。クライエントから問われたときに、答えはたくさんあるのに一つとか二つしか思い浮かばないとしたら、それはアマチュアです。相手はすぐに見抜いてしまうでしょう。

「自殺してもいいですか」

たとえば、クライエントが「自殺してもいいですか」と言ったときに、「いい」と言うか、「悪い」と言うか、その二つしか思い浮かばないようでは、どうしようもありません。もっとも、

「いい」と言う人はあまりいませんが。

それより、クライエントがなぜそのようなことを言いだしたのかを考えたほうがわかりやすいでしょう。そういうことを言いだすときには、カウンセラーに対してなにか不満をもっている場合が多いからです。

たとえば、自分は変な臭いがすると思っている人がいます。ところが、私のところに来ると、おもしろいことに、臭いの話はあまりせず、同僚のあいつは嫌いだとか、会社はどうだとかいう話をさかんにします。それを私がよく聴いていると、だんだん、この人は会社の人間関係に問題を抱えていて、そこを解決する必要があるなとか、こちらが考えていた収束点にだんだん近づいていきます。

そのようにうまくいっているなと思っていたある日の面接のとき、このクライエントが部屋に入るなり、いきなり私の鼻先にハーッと息を吹きかけて、「先生、臭いするでしょう」と言いだしたのです。

それまで自分の臭いの話はしなかったのに、いきなりそういうことをされると、私が考えていた収束点と違ってきますから、こちらとしても一瞬とまどいます。そのときに、「する」と答えるわけにもいきませんし、「しない」と言えば、本人はすると信じていますから、「嘘《うそ》をつくな」と言うことになる。

そういうときは、彼がなぜそんなことをわざわざしたのか、と考えてみるわけです。すると、なにかしら自分に思いあたることが出てきます。そのときは、この前の面接のとき、そのあとで講演の予定があったため、最後の十分間くらいはそのことが気がかりで、彼の話を真剣に聴いていなかったことに思いあたりました。

こちらの心ここにあらずという状態を相手は敏感に察知して、そのことに対する抗議の意味でそういうことをしたのかもしれません。そういうときに、そのことを直接は言わず、ことさら相手が返答に困るようなことを言ったりしたりするものです。

そういうことがわかっていれば、こちらとしても、それなりの対処ができます。「臭いがするでしょう」と言われても、「する」とか「しない」とか答える必要はありません。そのときも、私が、「そういえば、この前の最後のところで、ちょっと真剣に聴けてなかったと思う。悪いことをしたね」と言ったところ、彼はすぐ自分の席に戻って、それ以後は臭いの話はまったく出てきませんでした。

「この間、先生はぼくの言うことをよく聴いていなかったでしょう」とはっきり言ってくれればわかりやすいけれども、違ったかたちで表現することが多い。あるいは、そういうことがはっきり言えないから、私たちのところに相談に来ているところもあります。こちらが、そういうことがわかっていないと、「臭うでしょう」と問われたとき、どう答えていいかわからなくなって、あたふたしてしまいます。

「自殺してもいいですか」という言葉も、そういうかたちで出てくることがよくありますし、そういうのは、経験を積んでくればだいたいわかるようになります。それは臭いとか自殺のことではなく、「ぼくたちの関係を正してほしい」という要求であることが多いものです。勘は鋭いけど、それをちゃんと認識して言葉で表現する力がない。だから、「死んでいいか」とか、「臭うだろう」というような表現になってくるのです。

だから、「自殺してもいいですか」などと言われたときには、こちらとしても、これまでの会い方はどうだったかとか、自分のことをそうとうによく考えなおしてみる必要があります。そのときにいい加減な対応をしていると、ほんとうに死んでしまうこともあるからこわいです。

死に物狂いにやっていれば通じる

ただ、考えるといっても、あまり長い時間、黙っていてもだめで、一瞬の判断が必要になります。それは極度に凝縮された一瞬であって、それができるようになるためにも、やはり経験と訓練が大事になってくるわけです。

ただ、クライエントの側も、こちらに自分が自殺をするかどうかの直接的な判断を仰《あお》いでいるわけではありませんから、「自殺してもいいですか」と言われて、「うーん」と考えていると、必ずと言っていいほど、しばらくしてもう一度同じ質問をくり返してきます。その間に思いつくことがあって、二度目に「先生、自殺してもいいですか」と言ったときは、今度はすかさず、そのことをビシッと言ってやれば、一球目の空振《からぶ》りも取り返すことができます。

要するに、こちらが真剣にやっているということが相手に伝わることが大切なのです。本人は駆けひき的なことまでは意識していないでしょうが、「自殺してもいいですか」と言うのは、「先生、あんた、本気でやっているのか。ほんとうに命をかけているのか」という詰問《きつもん》と同じことなのです。

クライエントがカウンセラーを試す場合にもっともよく発するのが、「死にます」という言葉で、私自身、何度も経験しています。ほかに、「殺します」というのもあります。「お父さんを殺そうと思って青酸カリをもってきました」と言われた治療者もありました。実際に青酸カリらしきものをもってくるから、いい加減な気持ちではできません。

クライエントからそういう言葉が出てくるときというのは、カウンセリングがうまくいってなかったということもあるし、それとは別に、クライエントが変わろうとしている決定的瞬間の場合もあります。これは、クライエントが一山越えるときに発する、「先生も一緒に越えてくれるか。あなたも命かけますか」というメッセージです。

そういうときは、こちらも体を張っているのだということが伝われば、なにを言ってもいいわけです。どのようなことを言っても、相手にはわかります。だから、重要なのは言葉ではありません。

「先生に会うのも今日限りと思います」と言われて、「それでは、さようなら」と言っても、次にはちゃんと来ます。要するに、一度「さようなら」を言わないと、変われないわけです。「死にます」と言っても、死んで生まれ変わるということですから、こちらの姿勢さえしっかりしていれば大丈夫です。

こういう瞬間的な判断は、初心者にはなかなかむずかしいものですが、死に物狂いにやっていると、通じるものです。それがいわゆるビギナーズ・ラックというものの正体だと思います。

禅をやっていた人から聞いたことですが、禅の修行を長くやっていると、幻覚などが出てくるようになるそうです。たとえば天狗《てんぐ》が出てきたとすると、その天狗をどうするかということを考えるのではなく、自分の姿勢に気をつける。すると、ちょっと眠くなって姿勢が崩《くず》れていたことがわかる。そこで、それを正すと、天狗はすっと消えていく。

クライエントとの関係も、この話と似たところがあります。クライエントがどっちにしていいかわからないようなことを聴いてくるのは、こちらの姿勢にひずみがあるからだというふうに考えてみる必要があるでしょう。こちらが姿勢を正し、それが相手に伝われば、そういうものは消えていきます。

関係に見合うものしか出てこない

金城孝次《きんじょうこうじ》さんは沖縄の出身ですが、心理療法家になる訓練を京都で受けられ、しばらく京都で仕事をされていましたが、のちに故郷に戻られて、いまは沖縄で夢分析や箱庭療法により心理療法に取り組んでおられます。

金城さんは、関係の場のリアリティについて、次のように問いかけておられます。

「関係づくりを通してクライエントは癒《いや》され、心のエネルギーを取り戻し、そして自分のあるべき姿を見出し、成長していくと思われます。関係の場のリアリティに見合ったものしか相手が表現してこないとすれば、『関係の場のリアリティ』として心理療法家がクライエントとの間で気をつけることはどんなことでしょうか。

かかわる者も対極性の中に身を投げだして、そこに生きることを学んでいかなければと思うのですが」

クライエントはまさに関係の場のリアリティに見合ったものを出してきます。関係が薄ければ、薄いことしか出てこないし、深ければ深いことが出てきます。

それともう一つ気をつけなければならないのは、非常にむずかしいクライエントの場合、関係の場のリアリティを超えたものが出てくることもあります。たとえば、会ったばかりでまだ関係ができていない段階から、普通なら隠しておく自分の秘密を次から次に話しだしたりします。

これを、これだけ話してくれたのだから、自分は信頼されているに違いないと思いこむのは勘違いです。それは抱える問題があまりにも大きすぎるために関係の場の認識力がなく、それでいろいろしゃべっているだけなのです。まだ関係の場はなにもできていませんから、そういう場合は、その話をいったんとめなければなりません。

カウンセリングに熟練してくると、最初に挨拶《あいさつ》を交《か》わしただけでも、ある程度の関係の場をつくることができるようになりますが、通常は、関係の場というのはその場に応じてだんだんとつくっていくものです。だから、自分が感じているリアリティを超えて出てくる場合は要注意です。そうとうむずかしいクライエントだと覚悟したほうがいいでしょう。

ところで、金城さんも書いているように、こちら側も身を投げだしてそこに生きることを学んでいかなければなりませんが、身を投げだしてこっちまで死んでしまったらなんにもなりません。こちらは生きていないといけないわけですから、そのあたりのかねあいも見失ってはいけないでしょう。

関係というものはだんだんにつくられ、そうした関係があるからこそ、しだいに深まっていきます。つまり、カウンセラーとクライエントと、二人で深めていくというところがあります。

しかし、相手によっては、こちらがはじめから非常に深いところに踏みだすこともあります。

逆に、浅いレベルからゆっくりいこうとしているクライエントに対し、こちらからいきなり深いレベルで入ってしまうと、向こうはこわくなって、敬遠するようになります。

そういう人の場合は、浅いレベルから話を聴いていかなければならない。そうしたレベルの認識というものを、私たちはいつも心得ておく必要があります。これは、川嵜さんが提起されたコミットの問題と似たところがあります。

たとえば、私たちがクライエントに、「箱庭つくりませんか」と言うのは、相手が二階から飛びおりるのを、こちらはなんとしても受けとめるということの決意表明でもあるわけで、箱庭をつくるというのは、それくらい重大な意味をもっていることなのです。飛びおりさせておいて放っておいたら、相手は死んでしまいます。なにげなしに、「では、手はじめに、箱庭でもつくってもらいましょうか」などとやると、とんでもないことになります。

関係の場というのは、心理療法における基本的なステージであって、それを私たちは習練に習練をくり返して、できるようになっていかなければならないのです。

初心者の場合、まだ自分のもっているレベルが浅いので、クライエントとの関係の場も、浅いものにならざるをえないし、クライエントのレベルのほうが深いため、しょっちゅう関係の場を超えてしまった事態にぶちあたります。しかし、そういうことも、経験の蓄積によってだんだんとわかってきます。つまり、カウンセラーのほうもクライエントによって鍛えられていくわけです。

初心者には初心者のすばらしい点があって、それは謙虚《けんきょ》さがあるということです。自分の計《はか》らいが出てこないため、かえってうまくいくことが多いようです。これが、少し経験を積んで上達してくると、妙な計らいが出てきて、それでよく失敗します。たとえば音楽家が、ちょっとうまくなったからといって、「よし、聴かしてやろう」などと考えたりすると、聴いているほうはいやになってくるのと同じです。

全体が見えていなければならない

「児童・思春期の適応障害行動（問題行動）ケースで、教師や保護者とのケースに対するイメージ合わせのむずかしさを感じたりします。かかわる者のクライエント像が病《や》んでいたり、決めつけゆえのやりにくさや危険におちいらないためには、どうしたらいいでしょうか。生活上の不適応行動や自己表現のあがきなどに対し、枠《わく》づくりの提供や大局観《たいきょくかん》のある姿勢でのかかわりを大切にしながらイメージ合わせをしていきたいのですが」

金城さんの二つ目の質問は、前述の着地点の問題と似ています。

学校へ行かない子に対して、教師は、「すぐ学校に来てくれたらいいのに」というイメージをもっている。ところが母親は、「うちの子はもうちょっと元気にものを言ったらいいのに」というイメージをもっている。一方、心理療法家は、「これは父性の問題で、この家にはどのように父性を取りいれていったらいいだろうか」などとイメージしている。

これでは、みんなバラバラです。どれも間違ってはいないけれど、イメージ合わせが狂ってしまっています。

心理療法家はこの家庭の父性をじっくりと育てようと思っているのに、学校の教師にしたら、「カウンセラーに会ったらますます学校へ来なくなって、よけい悪くなったじゃないか」と言うし、お母さんはまた違うことを言う。心理療法家はそういうこともすべて読んだ上で、全体として見ていかなければなりませんから、非常にむずかしい立場です。

たとえば非行の問題で、カウンセラーがこの子をこれからどうやって立ちなおらせていこうかと思っているときに、教師が、「これは非行少年だからどうしようもない」とか、「こんな非行少年はほっておいたほうがましだ」と思っていたりしたら、すごくやりにくいわけです。

教師には、「早く卒業して、いなくなってくれないかな」と思っている人もありますし、親のほうでもサジを投げてしまっているところがあります。「うちの子は精神病だと思います」などと平気で言う親もいます。そのときに、こちらが「いや、違いますよ」と言うと、親はすごく不機嫌になる。これは、精神病だと言ってもらったほうが、親の気が楽になるからです。自分は正しいのに、子どもが精神病だからうまいことといっていないと思いたい。自分のサジ投げを正当化したいわけです。

つまり、金城さんが言われるように、「かかわる者のクライエント像が病んでいる」わけです。

また、子どもの側でも、自分の親は精神病だと思いたい。だから、私たちがそれは違うと言うと、今度は子どもの機嫌が悪くなる。

そういうときは、全体をすりあわせていくことが大事になってきます。これに失敗した心理療法家は、「自分がせっかくこの子のいいところを見ようとしているのに、教師が非行少年あつかいするからだめだ」などと、教師の悪口を言うようになります。未熟な療法家ほど、「せっかくスクール・カウンセラーで行ったのに、校長の理解が得られない」などと嘆きます。

教師も、親も、すべて含めていくのがカウンセラーの役割ですから、これではカウンセリングになりません。そういうのをすべて込みでやるのが心理療法家であり、心理療法家はそのためのプロなのです。

たとえば、担任の先生が「あれは非行少年だからどうしようもない」と言ったら、「ほう、そうなんですか」と言って、それに耳を傾けて聴く。教師が非行少年はいかにあつかいにくいかということをとうとうとしゃべりますから、それを「ふんふん」と感心しながら聞いて、それから、「それにしても、先生、なんとかならんでしょうかね」と言ってみると、おもしろいもので、それから、「いや、こんないいところもちらっと見えたりするんですよ」突き放していた教師のほうから、などと言うようになります。そうしたら、すかさず、「さすが先生、生徒のことをよく見てますな」と感心していたら、その先生も変わってきます。

教師や親のイメージを無理に変えようとしても変わりません。このように相手の力を利用して対処していくと、向こうから自然に変わっていくのです。

人間というのは関係の中に生きていますから、全体の中でイメージを合わせていくということがかんじんだし、一人が変わることで、全体が変わってきたりします。そのためにも、心理療法家は全体が見えていなければならないのです。

第四章　心がいま直面していること

企業の中で

企業で臨床心理士として、働く人たちの心のサポートをされている箕輪《みのわ》尚子《ひさこ》さんにとっては、人間が働くことの意味をはっきりさせておきたいという要求は、一般の人以上に強いのは当然でしょう。次のような質問を寄せておられます。

「現在、日本において大半の労働者の仕事は大きく変化しています。仕事の内容や進め方が変わってきました。専門化が進み多様な専門性を統合して仕事が進められて、商品や製品がつくられていきます。そして、多い情報量の中で、非常に速いスピードが要求されています。

このような労働環境の中で、労働者は自分の仕事について技術的、能力的についていけなかったり、なんとも知れないあせりを感じたり、どこまでやっても達成感を得られなかったりしています。かつ、非常に長い労働時間に拘束《こうそく》されています。

フロイトは、人間の生きる喜びは、愛することと働くことと言ったそうです。私も、働くことは人間が成熟するための過程であると考えて、産業領域で労働者のサポートをしてきました。しかし、現代の『労働』、『働くこと』はなにを意味するのでしょうか。

いま、たくさんの労働者の無気力や倦怠感《けんたいかん》、はては自殺という状況を見ていますと、仕事に対して心理療法家はどのような価値観をもって、働くことへの援助をしたらいいのでしょうか」

心理療法家がどこで仕事をしているかで、考え方や関心も異なってくると思いますが、たとえばスクール・カウンセラーをしている人は、「学校とはなにか」、「教育とはなにか」と考えざるをえないし、産業カウンセラーをしている限りは、こういうことは考えざるをえないでしょう。

どんな場所で心理療法をやっていても、こういう問いかけが出てきて、それを考えつづけることがわれわれの責務とも言えます。もちろん、答えは簡単に出てこないかもしれませんが、そういうことを考えるのをやめたら、心理療法家はだめになってしまいます。

そこで、「労働とはなにか」、「働くこととはなにか」ということを考えたとき、一つには、そういうことに関して書かれたいろいろな文献を読むことが大事でしょう。身近な人から話を聞くだけでは、どうしても範囲が狭くなりがちです。

たとえば、日本人は働くことをどう考えているか、キリスト教文化圏ではどう考えているか、アラブ人はどう考えているか……とか、そういうことを調べるだけでも楽しいものです。

仕事を遊びと対立させて考えている人もいれば、仕事と遊びの区別がなく、仕事を楽しんでやっている人もいます。そこで、遊びとはなにかを考え、そういうことについて書かれた本も読んでみる。いまは、そういうことについて書かれた内外の多くの文献が簡単に手に入ります。

また、カウンセリングや心理療法を真剣にやっていれば、考えざるをえない、本を読まざるをえないということが自然に起こってくるものです。そして、そうした必要から読んだことは、現実の問題と関係してきますから、ただなんの気なしに読んだものよりずっとよく身につきます。

カウンセラーのもう一つの仕事

私はほかの人に比べたら本をあまり読まないほうですが、それでも読まざるをえない本を読んでいると、読んだことがいろいろと身について、いままでは心理療法以外のことも書いたりしています。

箕輪さんは働くということをそれだけ真剣に考えているわけですから、そのことを自分で研究して、その研究したことを自分の仕事の中で考えてみる。ときには、それをクライエントに言ってみる。あるいは、クライエントから聴いたことで、また修正してみる……そういうことをずっとやっていくことがかんじんです。「仕事とはなにか」、「働くことの意味」について、自分で論文が書けるくらいになっていただきたいと思います。

答えがすべてわかる人などいません。考えること、追究することをやめたら、カウンセラーはそこで終わりです。

私たちの仕事は、いかにもクライエントの愚痴《ぐち》ばかり聴いているみたいに思われるけれども、そういう中から、たとえば、「仕事とはなにか」とか、「遊びとはなにか」とかを考えているわけだし、そういう勉強をしていけるからおもしろいわけです。

その中から、必ず自分にフィットするものが見つかってきますから、それをさらに深めていけば、カウンセラーとしての、というより、人間としての幅がどんどんふくらんでいきます。

こういうことは、もとはみなクライエントとの関係から出てきたことで、だから、私など、こんなに恵まれた仕事はほかにないのではないかと思うほどです。

スクール・カウンセラーにしても、仕事をしていれば、自然と「学校とはなにか」ということを考えざるをえなくなります。その場合に、単に漫然《まんぜん》と考えているだけでなく、学校の歴史を調べてみようとか、日本の学校制度はどうなっているのだろうか、アメリカはどうだろうかと、どんどん調べていけばいいわけです。

カウンセラーだからクライエントと会うだけが仕事だと思ったら大間違いです。そのようにして、自分をずっと鍛《きた》えつづけていくことが大切です。

日本人の仕事観

さて、そこで、現代の労働、働くこととはなにを意味するかということですが、これをひとことで言うのがむずかしいのは、日本人は、宗教性とか倫理性に関して、いろいろな要素が重なった生き方をしているからです。その意味では、日本人は世界的にも不思議な民族と言えます。

キリスト教やイスラム教の文化圏では、一神教の世界ですから、倫理性も含む行動パターンが非常にはっきりしています。そこでは、働くこと、聖なること、あるいは遊びなどが明確に区別されます。だから、彼らは仕事が終わればすぐに帰ってしまうし、夏に一ヵ月くらい平気で仕事を休んでしまいます。

ところが、日本人はそういうのをすべて込みでやっている。仕事が好きな人は、それが遊びにもなっています。こういう人が一ヵ月も夏休みをとっていたら、それこそ逆にノイローゼになってしまいます。職場の仲間と一緒に食事をしたり、お酒を飲んだりしているほうが、家庭で奥さんや子どもと話しているよりよほど楽しいという人も少なくありません。

仕事の中に聖なる世界も入っている。また、勤勉に働くことが日本人の倫理観にかない、そうしているほうが快い。与えられた仕事を、その責任範囲の中だけでやって、それがすめばさっさと帰るということはしません。職人気質《かたぎ》という言葉にも象徴されるように、仕事であろうとなんであろうと、一つのことをやるとなったら、とことん突きつめていかないと気がすまないところがあるし、そうすることに宗教的、倫理的陶酔《とうすい》を感じて快い。必然的に日本人は仕事時間が長くなりがちです。

だから、日本人に関して、労働とレジャーとを区別することはすごくむずかしいし、仕事だけを取りだして、「労働とはなにか」と問うても、あまり意味がないような気がします。外国から、日本は労働時間が長いと非難されますが、日本人は働くこととそれ以外のことを区別していませんから、向こうと同じ尺度《しゃくど》で計ることが間違っています。

そこで、企業で産業カウンセラーをする場合も、そうした全体的な見地から見ていかないと、適切な対処ができなくなります。

「あなたはこのごろ働きすぎでストレスがたまっているから、少し休みなさい」というカウンセラーのアドバイスにしたがって一週間ほど会社を休んだら、よけいにストレスが強くなったという例は少なくありません。極端な場合、クライエントがそのまま自殺してしまうこともありますから、ここでも全体を見るということがとても大事になります。

スーパーバイズするとき

箕輪さんは次のような問いも寄せられています。

「A君は入社五年目の二十七歳の男性です。一年前くらいから発熱や疲れがあります。健康診断で訴えて、保健婦さんから臨床心理士へまわってきました。いろいろな病院でむずかしい検査もたくさん受けていてなにも身体的には異常がありません。最近は会社も休みだしていて、上司も心配されて、仕事の内容も変えてくれたりしています。

ご本人とお会いした初回の印象は、笑顔でにこやかにお話しし、服装もバリッとしたスーツを着こなしてなかなかの好青年です。ある銀行のコンピュータシステムの開発にたずさわっています。しかし、この仕事が自分には合わない、興味が湧《わ》かない、その結果、仕事のミスやヘマをする、それが重なってきて、まわりにも指摘されて、自分でもどうしてこんなことが起こるのかわからないと言われます。仕事の過労に違いない、仕事を変わろうかと考えておられました。

二、三度お会いしたところでお互いの中で語られていることは、自分の理想とする自分の姿が高いところにあること、その設定されたレベルに達しえない不安があること、ちゃんとした確たるものでないと不安であるなどの気持ちです。この気持ちを語ることを続けていけるといいと思っていましたが、ご本人は、会社をやめて勉強をして国際税理士の資格を取ることに決めたと言われます。受かる自信はあると言われます。

私は、彼の自己愛の高すぎることや同僚との競争に負ける不安などについて、カウンセリングを続けていき、落ちついて仕事へ向かえることが可能かと思いつつ、彼がめざす国際税理士の道を容認しトライしたほうがいいのかとも考えます。先生にスーパービジョンをお願いします」

スーパーバイズ（supervise）とは、監視、監督と同義語ではありません。そんな点も含んでいますが、実際的に指導者を通じて訓練する、育てるということも含んでいます。心理療法の世界では、ベテランの療法家が、学生やまだ経験の浅い療法家を個人的に実地訓練することを意味します。「スーパービジョン」はその名詞形で、スーパーバイズする人を「スーパーバイザー」、スーパーバイズを受ける人を「スーパーバイジー」と言います。

心理療法家にとって、多くの経験を積むことが大事ですが、最初のうちは一回一回、個人指導を受けて、「このことをどう理解しますか」とか、「次はこうしてみてはどうか」とか、「よし、うまくできた」とか、やっていく。だから、スポーツのコーチとよく似ています。心理療法の世界ではこれはとても重要なことで、したがって、どういうスーパーバイザーについたかも大きな意味をもってきます。

言ってはいけないこと

スーパーバイズはなにも初心者だけが受けるものではなく、長くやっている私などでも、どうしてもわからなくなったときには、友人の心理療法家に頼んで、そのケースについての話を聴いてもらったりします。そうすると、それまで一人で考えてもはっきりしなかったことが、スーッと見えてきたりする。これはとても有効な手法で、そうとうなベテランでも、ときどきやっています。

そこで、箕輪さんのケースのスーパーバイズですが、紙上でのスーパービジョンには限界があり、これだけではっきりしたことは言えませんから、基本的な姿勢を指摘しておきます。

箕輪さんの着地点としては、A君は自己愛が高く、同僚との競争がいちばん大事なことになっていて、そこを認識してくれるということが大事だと思っている。しかし、A君はどうしても国際税理士のほうに話がいってしまう。こういうことは非常によくあることです。

カウンセラーのほうは心の問題として考え、この人はもっとこういうふうに成長したらいいとか、ここを鍛えなければいけないと思うけれど、本人はもっと違う答えを見出していて、そちらに邁進《まいしん》しようとする。カウンセラーにはどうせできないこととわかっているのに、本人はそういうことを言ってきたりする。

つまり、こちらの着地点と向こうの言っていることが違う場合、結局のところ、こっちがそのことを言うことにどれだけ意味があるかという問題になってきます。

「あなたは、国際税理士とか言っているけれども、私はどう考えても、こっちのほうが大事だと思う」ということを言ったほうがいいのか悪いのかは、その場の状況でカウンセラー自らが判断するしかありません。そして、言うことに意味があると思うなら、それこそ自分の命をかけるくらいの気持ちで言わなければなりません。

相手の人生にかかわることですから、生半可《なまはんか》な気持ちでは言えません。ですから、それを言うときには、こちらも十分に姿勢をととのえて、真剣に言う必要があります。

そのときに、下手すると相手を非難するかたちになりがちですが、それは禁物です。

「あなたはそんなばかなことを考えているけど、現実にはこんな問題があるじゃないですか」というような言い方では、相手を否定したことになります。

普通の人同士の会話なら一つの意見を批判されたというだけですむことも、私たちのところに来るようなクライエントの場合、そのことで自分の人生、自分の存在そのものを否定されたと受けとりがちですから、よほど気をつけなければならないでしょう。

「あなたの考えはこうだけど、私の考えはこうです。どうなんでしょう」と、相手の考えとこちらの考えを対等の位置に置くことが大切です。訓練を重ねてくると、相手も尊重しているがゆえに、自分の考えも言えるというようになってきますが、そこは非常に微妙な点ですから、こういうときはよほど体調をととのえて待っていなければなりません。

また、そういうときはおもしろいもので、こちらが完璧に体調をととのえて、来たらこう言おうと待っていると、やってくるなり、「先生、国際税理士やめました」などと言われて拍子《ひょうし》抜けしてしまうことがよくあります。やはり自分には無理だと気がついて、そんなふうに言いだすわけですが、こちらが懸命にやっていると、そんなふうに向こうが変わってきます。これはじつに不思議な現象です。

たとえば、苦しいから、いつも遅刻してくる人がいます。それはたしかに苦しいだろうけれども、そこを乗り越えないと変わることはできませんから、次回には、「あなたが遅刻するなら、私はもう会わない」と言おうと思って待っていたら、きちんと時間どおりにやってきたりするのです。

一生懸命やって、共感の場ができてくると、そういうことがピタッピタッとはまってくる。そのタイミングの妙味《みょうみ》にはたまらないところがあります。こんな言い方は不謹慎《ふきんしん》かもしれませんが、やっていてやめられない魅力があります。

もちろん、そんなにうまいことといくときばかりではありませんが、こっちとしては、できるだけのことをしないといけない。そのようにして、少しずつ先に進んでいくほかないでしょう。

学生相談でどこまでできるか

甲南《こうなん》大学の助教授で、学生相談室のカウンセラーをされている高石恭子《たかいしきょうこ》さんは、最近の学生相談そのもののあり方に疑問を呈《てい》しておられます。

「十一年前、私がある大学で学生相談にはじめてたずさわった当時、上司の先生からまず言われたのは、『学生相談は卒業をもって終わるもの。そのことを肝《きも》に銘《めい》じておくように』ということでした。河合先生の研究室で個人心理療法を学び、先輩たちの姿勢からも『出会ったクライエントとは一生寄り添うぐらいの覚悟で臨《のぞ》む』ことを当然のように受けとめてきた私には、上司の言葉はとても冷たく映ったものです。

たしかに、戦後アメリカから導入され、厚生補導の一環《いっかん》として発展してきたわが国の学生相談は、ユングやフロイト流の心理療法と違い、いまもアメリカの影響を強く受けているように思います。活動の中心は、修学や進路のガイダンス、自己主張や対人関係のスキルの訓練など『短期的教育指導』で、長期的な心のケアが必要な学生は、どんどん外部の治療機関へリファー（紹介）していくという考え方です。ただ、これは巷《ちまた》にセラピーを受けられる機関や個人クリニックがごまんとあるアメリカ都市部だから可能な話であって、日本人はそんなにドライに専門家が分業できる状況にはありません。最近問題になっている、神経症でも精神病でもない『人格障害』の学生を適切に引き受けてくれるリファー先は、さらに見つけることが困難です。

実際、現在の職場で年数を重ねてみて（これは私の会い方の要因も大きいかもしれませんが）、卒業と同時に学生相談室も卒業できる学生ばかりではないことと、その人たちへの継続的ケアの問題に直面しています。学籍のない人へのボランティア的な対応には限界があります。また、就職超氷河期の現在、卒業後も研究生や科目等履修生といった身分で大学に残りつづけたり、就職してもやめて戻ってくる人がいます。今後は社会人編入などで、大学と社会を数年で還流《かんりゅう》する成人学生も徐々に増えてくるでしょう。

もはや、『卒業（社会的自立）で終わり』は一つの目安にすぎず、ライフスパン（生涯）を視野に入れ、ライフサイクルのどの局面にも対応できるようなケアのシステムを構築するほうが、現実にかなっているという思いが私にはあります。しかし、そうすると、どんどんカウンセラーの仕事は膨大《ぼうだい》になり、かえって中途半端なことしかできず、自分の首を絞《し》めるかもしれません。

変貌《へんぼう》するわが国の大学の状況にあって、今後、学生相談の果たすべき役割と方向性は、どうあるべきなのでしょうか」

高石さんが提起されていることは、とくに日本にとってはとても深刻な問題です。高石さんも書いておられるように、アメリカでは、性格障害など問題のある学生はすべて外の専門家に紹介してしまいます。それは個人的なことだから、自分のお金を払って自分でやれ、というのがアメリカのやり方で、産業カウンセラーの場合も同様です。

日本の大学でも、アメリカ流にやっているところもあります。しかし、そういう大学ではいろいろと考えていて、周囲にまかせられる機関をもっています。ただ、そうしたやり方に対して、いったん引き受けたらとことんやるというのが日本人の文化ですから、「おれたちを見捨てるのか」と不満を抱く学生もいます。しかし、やはり日本もだんだんとアメリカ的にはなっていくのではないかと思われます。

学生は保健センターへ行っても、医療を受けた場合はお金を払っています。アメリカでは、カウンセリングもそれと同じではないかという発想です。だから、学生相談でも、長期的なケアが必要な場合は、自分の負担でやりなさい、あるいは、そこまで学校が面倒を見るのはおかしいという考え方です。

長期でなくても、ちょっとした学生相談でもお金を取るべきだということを言う人もいます。

それを実行した人もいます。これはたんなる金儲《かねもう》け的な発想ではなく、前述の「時間、場所、料金」という心理療法の枠組《わくぐ》みとも関連してくることです。

少なくとも長期にわたるものは、やはり「時間、場所、料金」を決めてやるようになっていくでしょうし、そうあるべきだと思います。ただ、日本ではそういうことを言うと、冷たいとか、捨てられたということになりがちです。

帰属意識が強い日本では、会社や学校が面倒を見てくれるのが当たり前と思われているところがありますから、日本でやる限りは、そのへんはある程度の妥協点《だきょうてん》を見出してやるより仕方がないでしょう。いまはまだ過渡期《かとき》ですから、自分でつねにバランスを考えてやっていかなければならないでしょう。

高石さんが指摘されているように、長期的なケアが必要な人を外部の機関に紹介するといっても、いまの日本には、引き受けてくれるところがそれほどありません。そういう学生を見捨てていくわけにもいかないでしょうが、かといって、そういうところまですべてを抱《かか》えこんでいたら、卒業生の面倒ばかりで、在校生を診《み》られなくなってしまいます。

しかし、先ほどの「見捨てる」とか「冷たい」という考え方の裏返しで、卒業生の面倒まで見ているというと、学校の評判がよくなったりするから、その意味では卒業生に会うのも悪いとばかりは言えませんが。

そのあたりは、きちんとしたルールが確立しておればいいのでしょうが、それも画一的《かくいってき》に決めることには無理があります。私が学生相談をやっていたころも、卒業後も来ていた人がいました。必要ならば、こちらの力量や容量に余裕がある限り、会うようにしていました。

そのへんは、やはり自分で考えてやるよりほかないでしょう。力のあるカウンセラーほど、卒業生もやってきますから、大学側と話しあって、卒業生からはお金を取ると決めるのも一つの方法でしょう。

空虚感、無気力感への対処法

高石さんの次の質問です。

「かなり前になりますが、戦死した大伯父さんの写真をお守りにし『私も戦争中に生まれたかった』と語ってくれた登校拒否の女子高生がいました。不謹慎な意味ではなく、死と隣りあわせの人生なら、自分も生きる実感がもてるかもしれないという切実な願いです。彼女は裕福な家庭に生まれ、ほどほどに情愛のある両親に育てられ、なんら顕在的《けんざいてき》な問題はなかったにもかかわらず、内心の空虚さ（emptiness）を抱えたままの学校生活に耐えられませんでした。そして、生きている濃密な時間の『実感』を得たくて、あれこれと試した挙げ句、ようやく成人後はギャンブルを日常生活と両立させるというかたちで、なんとか自分の人生に折りあいをつけたのです。

カウンセラーとして、私はその長いプロセスに立ちあいました。ただ、面接の中の内的な作業で、そのプロセスを全《まっと》うできなかったことが心残りでした。最近、学生相談の現場で感じるのは、彼女のような実感のなさ、根底の空虚さを抱えて漂っている若者が増えてきているのではないかということです。離人症《りじんしょう》と呼べるほどはっきり症状化もせず、苦悩を言語化して洞察《どうさつ》することもできない。でも、自分が生きているという主体的な実感に乏《とぼ》しく、無気力になって自室に引きこもったり(大学不登校)、逆に極端な性体験や食行動、自傷他害《じしょうたがい》などの行動化をしたりします。中には人格障害と診断できるような重い例もあって、対応に困った指導教授からコンサルテーションを頼まれることも珍《めずら》しくなくなりました。

時代の要因としては、いくつか考えられるでしょう。テクノロジーの発達で生活が便利になり、身体を張った親子関係や、五感を鍛える実体験のチャンスが減ったこと。偏差値の刷《す》りこみ教育により、大学で知的限界にぶつかると、全人格を否定されたように自分を見失うこと。親の世代がもっていた進歩信仰が崩《くず》れ、どんなに努力してもリストラされたり、地球も滅びるかもしれないという破滅信仰がとってかわったこと、等々。なにもかも外的には豊かな状況で育ち、ハングリーにはなりようもなく、だから満たされようもないという前代未聞の状況が広がっているように思います。

このような学生さんは、たいてい漠然と『毎日がおもしろくない』、『なにをしたいかわからない』と訴えてくるのですが、冒頭の例と同様、面接室の中で受容的に話を傾聴《けいちょう》しているだけでは、なかなか前にも後にも進みません。抑圧→意識化という図式が通用しないのです。かといって、ギャンブルを勧めるわけにもいかず、比較的安全な非日常の体験（ボランティア、留学など）を提案しても、対人関係に尻込みして動いてくれません。夢や箱庭《はこにわ》など、イメージの世界に『遊べる』人はまだいいのですが、遊びさえ失っている場合は、こちらも行きづまってしまいます。先生は、彼らの抱える空虚感、あるいは実感の喪失《そうしつ》について、どのような処方箋《しょほうせん》を書かれますか。とりあえず学生期の間に、カウンセラーは彼らをどこまで援助できるでしょうか」

この空虚さとかアパシー（無関心）の問題は、いま大変に深刻です。

人間が生きていく場合、ある程度、モノがないほうが生きやすいのではないかと私は思っています。あまり豊かすぎると、自分の目標が見えなくなってくるからです。

私たちの子どものころでも、「あの本が読みたいな」と思っているうちはいいけれども、最初から家に本がズラッと並んでいたら、なかなか読もうという気が起こりませんでした。いまの子どもは、生まれたときからそういう状況に置かれているように思います。

食べものでもそうで、デコレーションケーキというのを一度でいいから食べたいと思って生きているのと、いつでもそこにあるのとでは、それに対する感激度もまったく違います。人生そのものがそうなってしまっているわけで、とくに日本人は家庭教育に失敗しているので、よけいにその傾向が強くなっています。

その点、欧米人の子育ては賢明で、どんなお金持ちでも、子どもになんでも買い与えるようなことはしません。大学生の子どもに車を買ってやる親など、ほとんどいません。だから、車がほしかったら、アルバイトなどして自分で働いて買うほかない。私がアメリカに留学していたころ、かなりの富豪《ふごう》の息子なのに、アルバイトでバスの車掌《しやしよう》をしていた学生がいました。そうやって自分が努力して買ったものだから、たとえ中古車でもすごく大事に使います。

どんな金持ちの家でも、子どものこづかいは決まっていて、それ以上ほしい場合には、塀《へい》のペンキ塗りをするとか、なんらかの仕事をする。兄弟で入札《にゆうさつ》させて額を決めている家もあって、三人の兄弟に入札させると、末っ子がもっとも少ない金額を書くので、たいてい彼に落ちる。しかし、まだ小さいので、一人でペンキ塗りをするのはとてもしんどい。しかし、兄たちは誰もただでは助けてくれません。兄たちに助けてもらうと、自分がもらうはずの手間賃がなくなってしまうので、苦しいけれどやりとおす。そのようにして、自分で最後まで責任をとらなければならないということを学んでいきます。

それは子どもを深く愛するがゆえの厳しさで、将来のことを考えたら、そのほうがずっと子どもも自身のためになることです。そのあたりが、日本人の親にはあまりよくわかっていないようです。

私たちが子どものころは、子どもにモノを買い与えたくても、貧しかったり、子どもがたくさんいたりして、やろうとしてもできませんでした。だから、欧米の子育てのようなことが自然にできていた。

しかし、いまの日本は豊かになり、モノもあふれ返っていますし、その上、子どもの数が少なくなったから、親たちの間に、子どもに対する愛情のはき違えが蔓延《まんえん》しています。そのようにして育った子どもが親になると、今度は自分の子どもを平気で虐待《ぎゃくたい》したり、炎天下《えんてんか》に車の中に置き去りにしたりするようになります。

空虚さも無気力も、そうした社会的背景のもとで起こっているように思われます。ですから、いま日本人全体が、モノがある生活というのはどういうことかということについて、よほど真剣に考えないといけないでしょう。

社会全体のそういう流れの中で、その結果としての空虚さ、無気力さを抱えた若者が来るわけですから、カウンセラーにとってもこれはなかなか大変なことで、最前線の現場におられる高石さんの苦悩ぶりも、すごくよく理解できます。

空虚になった人は、「金儲け？　なんやそれ」、「単位とって卒業したからって、それがなんだと言うんだ」……まわりがなにを言っても、「アホか」のひとことですましてしまいます。しかも、死ぬ気力もないから、それでなにもしないで生きているわけです。

こういう人には、「なにかしたらどう?」と言っても、どうしようもないでしょう。ボランティアを勧めても、「なんや、それ」でおしまいです。このようなクライエントを相手にするのはじつに大変です。

なにもする気がない人へ

無気力な学生と親とを同時にカウンセリングすることで成功する場合もありますが、たいていの場合は無理です。なにしろ、親には子どもの空虚な感じがわかりませんから、怒るばかりです。そして、必ずと言っていいほど、「おれたちが若いころには、モノもなくて……」とやりだします。モノがありすぎるから困っているのに、そういう気持ちがわからない。だから、私の場合、よほど「この親はわかってくれる」と思わない限り、親には会いません。

では、どうしたらいいかですが、向こうが空虚で来るなら、こっちも無為《むい》で対するしかないでしょう。いわば、エンプティ同士の勝負のようなものです。

なにをしても空虚という感覚が出てくると、それこそなにしてもおもしろくないですから、こちらも、「ほんとうになにもすることがないなあ」と言っていればいいのです。

いくら空虚な人でも、カウンセリングを受けに来るのは、どこかに助けてほしいという気持ちがあるからです。自分でも、自分のいまの状態がおかしいとわかっている。しかし、なにもする気が起こらない。そこで、「なにかありませんか」と言ったら、こちらも「ありませんなあ」とか言いながら、五十分間過ごす。

ところがおもしろいもので、こちらが本気で無為で対していると、彼らは自分からなにかしらしだすものです。そのときにしていることは、われわれから見たらつまらないことですが、それでも自分ではけっこうおもしろがってするようになります。

ほんとうに空虚になっている人というのはある種の純粋さをもっていて、世俗的なお金とか利益とかにまったく踊りませんが、なにかをやりだすと、必ずそういう純粋さが消えていきます。たとえば、なにもしなかった子が釣《つ》りをしだしたとすると、上等の釣り竿《ざお》を買うために、おやじをちょっとごまかしてやろうかとか、人の釣り竿をくすねてやろうかとか、そういう悪心が出てくるようになります。

人間が生きていくためには、なにかしら悪いこともしなければならないから、これは生きようとする気力のあらわれとも言えます。しかし、悪をそのまま実行してはいけない。そうしながら世俗的な処世術も身につけつつ、だんだん成長していくわけです。

考えてみたら、人生なんて空虚なものです。金持ちになったってしようがないし、勲章《くんしょう》をもらってもしようがない。しかし、こんなおもしろくないと思っていた世の中が、どんなにおもしろいかということが、だんだんわかってくるのです。

こういう人に会うためには、われわれ自身が人生の空虚さを目いっぱい体験しなければならないでしょう。カウンセラーというのは、こういうクライエントに会うためには、それなりの器量《きりょう》がなければなりません。だから、いかに人生が空虚かということを、こちらも体験しないと、十分には対応できません。

それで、五十分なら五十分、二人でボーッとしていると、これが人間の不思議なところで、なにかをするようになる。しかし、そのときに、こちらが喜んだりしてはいけない。喜んでさらに乗せようとすると、すぐに相手はまたやる気を失っていきます。

それまでなにもしなかった人がなにかをやりだせば、たしかにこちらもうれしい。だから、つい「よかった、よかった。じゃあ、もっとやったらどうだ」などと言っていると、失敗することが多い。かといって、クライエントがなにかやりだしたのに、こっちが知らん顔というのもおかしい。そのあたりの微妙な感覚は、自分で経験を積んで会得《えとく》していくしかないでしょう。

心理療法家だから見えること

「小児科では多様な症例と出会うため、臨床心理士にも多様な対応が求められています。心理士はいろいろやっているように見えますが、子どもとその家族の自然な流れを損《そこ》なわないように支えているだけなのです。表面はいろいろやっているように見えても、子どもとその家族の心のありようを操作したり、なにかするのではなく、むしろ、心の自然な流れにはなにもしないで寄り添うだけです。しかしながら、どう寄り添ったかはカルテに記録します。そこで、

①カルテには、どの程度の記録を残せばいいと思われますか。

②多くの場合、目に見える心理士の動きのみで、心理療法を判断されがちです。心理士がやっていることのみで心理療法だと誤解されることがあるのです。子どもと家族を支えるために、あえてしないこともあり、カンファレンス（会議）などで説明しても、医療スタッフに首をかしげられることもあります。一例一例丁寧《ていねい》に結果を積みあげるよう努力はしているのですが、これについてアドバイスをお願いします」

岡田由美子《おかだゆみこ》さんは加古川《かこがわ》市民病院の小児科に勤務されている心理療法家で、医療・保健・福祉の分野で母子臨床の仕事にたずさわっておられます。

私はよく心理療法というのは「なにもしない」ことが大事だと発言していますが、普通の人にはそこのところがもっともわかりにくいようです。たしかに、目に見えるかたちでコミットしているほうがわかりやすいことはたしかですが、しかし、それをあえてしないのが心理療法なのです。

ところが、とくに病院などでは、お医者さんや看護婦さんはなにをしたかが問題で、たとえばどの注射をしたか、どんな手術をしたかということで懸命にやっています。だから、なにもしな

い人間がいるということがなかなか理解できない。

そうすると、極端な場合、「われわれはものすごく頑張《がんば》っているのに、心理療法家はただ会ってるだけで、あんなのはいても無駄じゃないか」ということになってきがちです。そこをわかってもらうのは、とてもむずかしいことです。

心理療法に対する誤解でもっとも多いのは、なんでもパッと見たらスッとわかると思われてしまうことです。お医者さんの場合は、患者さんの身体の症状から即座に病名を類推することができるかもしれませんが、人間の心を対象とする心理療法にそうした即効性を期待しても、それは無理というものです。私たちの立場では、クライエントが自分で治《なお》っていくことが前提ですから、それでないと永続性がなく、すぐに再発することも多い。だから、時間がかかります。しかし、そういうことがなかなか正確に理解してもらえないというジレンマがあります。

そのために、心理療法では「治療」という言葉を使うのはやめたらどうかと言う人もいます。「われわれは人の健康的な成長のためにやっているんだから、治療ではない」というわけですが、しかし、それはとても甘い考えだと思います。はっきり言って、そういう考えなら、心理療法はやめるべきでしょう。「お父さんお母さんの愛と勇気さえあれば、きっとよくなります」などとかっこういいことを言っている人に限って、子どもたちに実際にどう接していいかわからない。

結局、説教ばかりすることになったりする。「どんなにむずかしい人が来ても、絶対に治療してみせる」というくらいの強い覚悟と心がまえがなければ、心理療法できちんとした仕事はできません。といって、自分が「治してみせる」とほんとうに思うと失敗するのは、すでに何度も言っているとおりです。

そこで、心理療法の正しい姿を理解してもらうための一つの方法としては、クライエントの様子の中で、一般の人にはわかりにくいけど、心理療法家にはよく見えているという部分が必ずあるから、そこをみんなに積極的に知らせていくことです。

たとえば、摂食《せっしょく》障害の子に対し、医者は「あの子はなにも食べない」としか思っていません。すると、「では、なんとか食べさせてやれ」と考えるわけですが、心理療法家は、その子が人が見てないところでは案外食べていることを知っていたりします。あるいは、医師たちはなにも食べないということばかり気にしていますが、人の見ていないところで、ほかの人に親切なことをしたとか、家で飼《か》っているカナリアのことを話すときはいきいきとした表情を見せるとか、そういう心理療法家にしかわからないところも、どんどんカルテに書いていったらいいのではないかと思います。

そうすれば、医師たちにも、「ああ、あの子にもそんないいところがあったのか」ということで、クライエントに対する接し方も変わってきますし、「心理療法家というのはそういうところを見ているんだな」ということも、みんなにわかるようになっていきます。このように、クライエントのことを知らせるようなかたちで、自分のしていることをアピールしていくことも大切ではないでしょうか。

なにか違う、なんとなく変わった

私たちは医学的な意味ではほんとうになにもしませんから、お医者さん相手にそのことだけをカンファレンスで説明しても、「なにもしていないじゃないか」ということになります。私自身、そういうことでずいぶん苦労もしてきました。当時の状況からすれば、最近はずいぶんと変わってきました。

心理療法について理解のある医師も増えてきましたが、もちろんまだ十分に理解していない人もいますから、そういう誤解の中で、「心理療法家に会ったあとは、やはりなにか違うな」とか、「なんとなく変わってきたな」とか、そういうことでわかってもらうしかないから時間はかかりますが、いろいろと工夫し、努力しながら、だんだんとみんなにわかってもらえるようにしていくしかないでしょう。

過渡期《かとき》にある分野にたずさわる者として、ただクライエントと会っているだけでなく、カウンセラーやセラピストというものの存在価値を一般に広く理解させていくという使命も担《にな》っているのではないかと思います。私たちはそういう心がまえでやってきました。

カルテに書く場合も、医師たちのような書き方では、「五十分間、話を聴いてやった」で終わってしまいます。聴いてあげることに意味があるということは、なかなか理解されにくいですから、結局、「なんだ、治療らしきことはなにもしてないじゃないか」ということになります。そこで、カルテの書き方も、自分なりに工夫する必要があるでしょう。

それまでの経験から、われわれにはちょっと先のこともわかります。そこで、これはカルテに書くわけではありませんが、医師に、「先生、あの子、いまにはしゃぎだしますよ」とか、「そのうちに、あの子のお父さんが怒鳴りこんでくるんじゃないですか」などと言っておくと、実際にそういうことが起こるから、そうしたらみんなもびっくりして、「なにもしていないように見えても、なにかを見ているんだな」ということで、理解が深まっていくこともあります。

ときどき、そういう〝伝家《でんか》の宝刀《ほうとう》〟を使ったりすることも必要でしょう。これはやり過ぎると心理療法家の慢心《まんしん》につながり、よくありません。〝伝家の宝刀〟は抜かないにこしたことはない。

これは医療スタッフだけでなく、スクール・カウンセラーの場合も同じで、教師からは、「なにもしていないじゃないか」と思われたり、言われたりします。現場にいる人にとっては、歯がゆいときがありますが、やはり、努力して、一例一例丁寧に結果を積みあげていくしかないでしょう。意味あることをしている限り、だんだんと評価されるものです。

もっとも、岡田さんの場合、市民病院の小児科で実際に仕事をしておられるわけですから、その必要性も理解され、成果も十分に評価されていると言えるのではないでしょうか。

カウンセリングとネットワーク

「病院内ではもちろんのこと、外部の、子どもを援助する機関と連携《れんけい》して仕事をすることがよくあります。この連携づくりにおいて、人間関係を大事にしながらネットワークをつくるよう心がけています。そこで、

①ネットワークづくりと心の専門家をめざす臨床心理士としてのあり方についてお教えいただきたいのですが。心理療法を行う者が、深く心に寄り添うだけでなく、広く他の人たちと協力していくことについてどのようにお考えでしょうか。

②ネットワークづくりの中心に臨床心理士がなっていくのと、他の職種の人が中心となる場合と、どのように違った援助が可能になると思われますか」

これも岡田さんからの質問です。

クライエントに対して深くかかわろうと思えば、それこそなにもしなくて、ただ会っているだけになります。そこからだんだんいろいろな深い問題が出てきて、少しずつ変わっていくというのが心理療法です。

ところが、それ自身がすごく大変なことだし、苦しいことですからクライエントの状態によっ

ては、そうしたくてもなかなかできない場合もあります。そういうときには、ある程度は表面的でもいいから、たとえば不登校の子なら、ときどきでも学校へ行くようにしようとか、家庭内暴力の子なら、せめてお母さんを殴《なぐ》ったりしないようにしようとか、とりあえずはクライエントの行動を安定させておきたいということもあります。

そうすると、臨床心理をやっている者だけではなく、保母さんやソーシャルワーカー、あるいは保健婦さんや学校の先生など、ほかの分野の人との連携がどうしても必要になってきます。

ところが、連携をとるほうばかりにあまりコミットしすぎると、深く心に寄り添うというわれわれの焦点《しょうてん》からはずれていきます。われわれにはそのジレンマがいつもつきまといます。

岡田さんは大きな病院の小児科におられるわけですが、病院に来られるような人というのは、なかなかむずかしい行動が多いものです。たとえば、夜尿《やにょう》くらいだったらいいけれど、そこらにウンコをまき散らすような子もいるし、それをつかんで投げつける子もいる。そういうクライエントの場合、とりあえずそういう行動がなくならない限り、「深く心を……」などと言っていられません。しかも、ほかにもクライエントは次々に来るわけですから、その子だけに集中するわけにもいきません。

そういう場合は、そうした行動をなだめていく意味で、ほかの分野の人と連携していくことも必要になります。ただ、大事なことは、それを第一義とは思わないこと、自分の焦点を見失わないことです。それはあくまでも当座の便宜《べんぎ》としてやるだけで、私たちがそこに焦点づけをしてしまったら、心理療法ではなくなってしまいます。

ほかの人たちが、「ウンコを投げなくなって、よかったよかった」と喜んでいても、私たちは自分の焦点をはずさないようにして、これから自分たちの仕事がはじまるのだと思っていなければならないわけです。

そうすると、みんなも「自分たちはここで喜んでいるが、臨床心理士はどうも違うところを見ているらしい」と、だんだん気がついてきます。しかも、実際に違うところが出てきたりすると、「ああ、こういうところを見ていたのか」とわかってきます。

つねに連絡を密にとっていて、「みなさんのおかげで、あの子もウンコをまき散らしたりしないようになりましたが、そのあとでこんな変化があったんですよ」というかたちでこちらから解説していくようにすれば、前述のような心理療法家に対する誤解もだんだんに解《と》けて、正しい姿が理解されるようになるでしょう。その意味でも、連携とかネットワークづくりは有効な手段となりえます。

そのときに、ネットワークの中心に心理療法家以外の人がなると、どうしても、ウンコをまき散らさなくなったところで終わってしまいます。私たちはそれから以後のことを考えていますが、ほかの人が喜んでいるのに自分だけ、「いえ、まだほんとうの解決じゃありません」などと言うとまた嫌われたりしますから、表面的には一緒になって喜んでいてもいいけれども、心ではさらに先を見ていて、クライエントがその次の段階に入って変わってきたところで、「さらに、こんなになったんですよ」と解説すると、みんなもそういう話を聴きたがるようになってきます。病院でも、看護婦さんがもう少しその話を聴きたがるようになるし、お医者さんまでが聴きに来るということになってくるわけです。

子どもの夢は要注意

小児科におられる岡田さんの次の質問は、「子どもの夢を聴くときの注意事項はなんでしょうか」ということです。

夢を聴くということ自体、なかなかむずかしいことですが、子どもの場合にとくにむずかしいのは、夢と外的現実がごちゃごちゃになることがある点です。

子どもの夢の内容が興味深かったりして、こちらがあまり喜びすぎると、その子の中ではます現実と夢とが混乱するようになりがちです。

夢を聴くことで、こちらにはいろいろなことがわかるわけですが、それがその子にとって、現実感覚がおかしくなったり、夢が好きになりすぎたりすると、悪影響が出てきますから、そこのところをいちばん注意しなければならないでしょう。

子どもが夢をもってきても、ただ聴いておくだけで、その場で解釈などせず、下手なことを言わないほうがいい。治療者自身はもちろんいろいろ考えねばなりませんが。

また、子どもが現実と夢とを一緒くたにしそうなときは様子でわかりますから、そういう危険性があるときは、むしろ聴かないようにし、ほかのことに関心を向けさせるようにします。少なくとも、こちらからあまり積極的に夢を聴こうとはしないほうがいい。

子どもの夢は非常にわかりやすいものですが、それはまだ自我が確立していないからにすぎません。そこをこちらが勘違《かんちが》いし、深いものが出てきたと思って喜んだりすると、子どもは、夢のことを言っていたら相手は喜ぶだろうというふうになってきて、ますます現実と混乱するようになってしまいます。

精神科を受診したほうがいいとき

酒井《さかい》律子《りつこ》さんは私と同様、高校教師を経て心理療法家になられ、現在は京都市立永松《ながまつ》記念教育センターでカウンセリングにあたっておられます。

相手がいくら子どもでも、こちらのレベルを超えたクライエントはいくらでもいます。そういう場合、親がなかなか踏みきれないでいるときに、どのように医療機関での受診をはたらきかけていったらいいかを問題にされています。

「子どものクライエントの場合、思春期の爆発的なエネルギーを想定に入れたとしても、なおかつ了解域を越えた行為が見られる場合（汚物を部屋にまき散らす、家族の口に無理やり食べものを詰めこむ、刃物などの危険物を振りまわす等々）もあります。

それが、家人《かじん》の反応を窺《うかが》いながらのものであったり、また介入《かいにゅう》による制止を求めていると推測されるものであれば、意識の関与も考えられますが、そうでない場合、やはり医療機関受診や緊急避難を勧める必要があるかと思います。

ただ残念ながら、そのような状況にありながらも、なかなか受診に踏みきれない親御さんもあるわけで、当方としてはハラハラしながら見守っている場合があります。まず、カウンセラーとの信頼関係が大前提とは思いますが、医療機関受診に向けてどのようにはたらきかけていくことが大切でしょうか」

ある線を越えたら、どうしても医療機関に受診せざるをえないわけですが、そのときに、ちょっとしたものの言い方で、親御さんに精神的ダメージを与えることになりかねませんから、酒井さんも気にされているように、それなりの配慮が必要です。

「こんなむずかしかったら、精神科へ行かなければだめですよ」というような言い方をしたのでは、見捨てられたように感じられるでしょう。そうでなく、たとえば、「子どもさんに対する方法はいろいろありますが、おたくのお子さんはひょっとしたら薬のほうが有効かもしれません。

一度、お医者さんに相談してみたらどうでしょうか」というような言い方をします。

私はそういうときにはたいてい、病院を紹介しますし、ときには一緒についていきます。そのほうが親御さんも安心できるでしょう。

精神科の病院に行くとなったら、当人にしても、親にしても、やはりこわくてたまらない気持ちでいます。とくに親がもっとも心配しているのは、「おたくのお子さんは精神病で、もう治りません」と言われたらどうしようということです。それがこわくてなかなか踏みきれないでいるわけですから、そういう不安をできるだけ取り除くことが必要です。

それから、親御さんにはよく、「病院に行ってみて、こんなところはだめだと思ったら、すぐ帰ってきてください」とも言います。

無理やり行かされているという感じではますます不安になりますから、このように言ってその人に自主性をもたせてあげるわけです。行ってお医者さんに会えば、考えていたのとはまったく違いますから、「ああよかった」と安心します。

たとえばてんかんの子どもの場合など、薬さえ飲んでいればなにごともなく普通に暮らしていけます。だから、「薬さえ飲めばまったく普通に暮らせるのだから、近視の人がメガネをかけているのと同じことだから、なにもこわいことはありませんよ」というような言い方で、よく説明します。そう言ってもなかなか動かない人もいますが、不安はかなり解消されるはずです。

もちろん、ちょっとおかしかったらなんでも精神科へ送ってしまうというのではなく、酒井さんも書いておられるように、いろんな場合を考えて、これならまだいけるという考えでやらなければなりません。そして、私たちは普段から病院とかお医者さんとつきあっていることが必要です。

私の場合、弟がてんかんの専門医をしていましたので、そこから得た知識が、心配している親御さんに説明する場合に、ずいぶんと役立ちました。

そして、病院に送ったあと、必ず診察された医師の意見を聴きます。たとえば、「やはり分裂病ですから、こちらで預《あず》かります」という返事が来ることもあるし、「薬も出しますけど、同時にカウンセリングもやってください」ということで、連携してやっていくことになる場合もあります。

ふだんからつきあいがあれば、向こうもこちらの力量をご存じですから、それに合わせてやってくれます。逆に言えば、カウンセリングにしろ、心理療法にしろ、ある程度以上にむずかしいことをやろうという人は、いつでも相談したり、クライエントを紹介したりできるお医者さんとの関係が必要です。

そういう関係は、いまではたいていの心理療法家がもっていますし、京都大学あたりでは、臨床心理関係の講座の中に精神科の先生がおられたりもします。教育研究所などでも、顧問《こもん》とか相談員というかたちで、精神科のお医者さんが関係しておられるところも多いようです。

家族に問題がある場合

酒井さんからはまた次のような質問が寄せられました。

「・子どもたちが、思春期の時期に次々不登校の状態から閉じこもりの状態へ。子どもたちの病態水準については、神経症レベルと思われます。

・母親だけが断続的に来所。

・母親との面接の中でわかってきたことは、父親によるさまざまな行動の制限が存在すること。とくに妻（子どもの母親）に対しての制限が多い（たとえば、来客を好まない、子どもの友人が来ることにも拒否的、子どもが楽しそうにテレビを見ているとにらむ、妻の門限八時、妻の行動チェック、掃除のでき具合をチェックするなど）。しかも、夫は制限のすべてを言語化するのではなく、機嫌が悪くなる、口をきかない、すねる、ふて寝をする、摂食しない……などの反応から、意を察するようにというのが父親の言い分。

・父親は、会社では真面目《まじめ》できわめて仕事熱心。几帳面《きちょうめん》で部下の面倒見がよく、社内では評判もいい。毎日定時に出勤、退社、利用する電車時刻、道順も決まっている。寄り道もなく帰宅し、趣味はとくにない。ここ数年、入浴や着替えをおっくうがる。制限もここ数年でより強化されてきている。また、いったん機嫌が悪くなると、一ヵ月近く、意図的な無視（敵意が見られる）が続く。妻に不満を述べつつ、嗚咽《おえつ》がはじまる、等々。

家族の問題は複雑に絡《から》みあっているので、父親だけの問題ではなく、相互関係の中で引きだされているものもあるかと思います。が、一方で、父親の思春期課題の再燃、中年期の危機の問題が露呈《ろてい》してきているのも否《いな》めません。ここ数年の様子から推測すると、医療機関の助けが有効とも思われます。しかし、父親の医療機関受診はむずかしく、家族・親戚の誰の言葉にも耳を貸さないという状況があります。

また母親との面接は、継続面接として予約を組んでいますが、実質的には何度も中断・再開をくり返しており、断続的な面接となっています。したがって、カウンセラーとの信頼関係もいまー一つ樹立《じゅりつ》できていないとも思われます。

あくまでも主訴《しゅそ》は子どもの問題であり、それ以上の関与は求められていないのかもしれません。しかし、背後にこのような問題が見え隠れする場合、どのようにしていけばいいのでしょうか」

こういうお父さんの場合、なかなか大変です。というのは、男のほうが社会ではある程度かたちをつけていて、それを誇《ほこ》りにして生きているところがありますから、相談に行くとか病院に行くとかいうのは、それを崩《くず》すことになると考えてしまいがちです。崩れだしたら、すべてが無に帰してしまうかもしれないという恐れを抱いていて、それに対するこわさがある。だから、できるだけさわってほしくないというところがあるものです。

だから、われわれからすると、母親のほうがまだ変わる可能性、可塑性《かそせい》（フレキシビリティ）をもっていると言えます。とにかく、男性が変わるのは、大変なエネルギーを要します。このケースも、できるだけ母親を支えながら、だんだんと父親にも変わってもらうほかないでしょう。

子どもは父親に変わってほしい!?

私たちが母親と子どもに会っていると、ときに父親が怒鳴りこんでくることがあります。ところが、そのときは一つのチャンスです。そういうときには、私など怒鳴りこみを平気で聴いています。すると、父親は言うだけ言ったあと、「いやあ、私が……」とかなんとか言いだしたりします。また、ちょうどいいころあいに父親が怒鳴りこんでくるというのがわりとあります。

会社で、あるいは社会で、ある程度ステータスをもっている父親ともなると、自分が家庭の中で子どもたちに害悪を与えているとはなかなか思わないものです。そう思いたくないし、認めたくもない。しかし、そういう人でも、内心ではなんとなく感じているものです。

しかし、自分がカウンセラーのところに行くと、「お父さんが悪い」と断言されるのではないかと、こわがっているところがあります。だから、そういうお父さんが来たときには、私は「お父さんが悪い」とか、「お父さんがもっとしっかりしてください」などとは言わず、ただ話を聴いているだけです。

中には、やってくるなり、「私の家ではこういうふうに子どもをちゃんと育てている。両親のほうには問題はない。問題をもっているのは子どものほうだ」などと言って、自分たちが原因でないということを懸命に説明する人がいます。

そういうときには、「私は原因などに関心はもっていませんよ」とか、「原因はともかくとして、私たちになにができるかを考えましょう」という方向にもっていきます。そうすると相手も安心して、自分なりに考えるようになります。要するに、この場合も相手の不安を取り除くことがかんじんなのです。

両親が来られたときに、私はあえて、「これは両親が原因ではありません」と言ったことがあります。そうしたところ、父親のほうから、「そうでしょうか。やっぱり私の態度が問題だと思います」と、自分から言いだしました。つまり、自分が非難されないとわかると、ものごとを冷静に見られるようになり、自分で言えるようになるのです。

そこですかさず、「ほう、お父さんはそんなふうに考えられているんですか」と言って感心する。すると、ますます反省し、自分から変わっていこうとします。こちらから責めたてるのではなく、主体性を刺激するわけです。

いまこういう父親が増えていますが、極端なことを言えば、子どもの不登校とか摂食障害などは、父親に変わってほしいと思ってやっているのではないかと思われるケースが少なくありません。子ども自身は意識していないでしょうが、多くの場合、父親が変わることの起爆力《きばくりょく》として、子どもがそういうことをやっているのではないかと思えるほどです。

第五章　心の影と闇、そして新しい発見

非行少年の心理療法

心理療法家といっても、野村二朗《のむらじろう》さんの場合はやや特殊で、家庭裁判所の調査官をされていて、ご自身のお仕事について、次のように述べられています。

「裁判所でも家庭裁判所にしか配置されていない職種です。心理学、教育学、社会学など人間関係諸科学を専門とする職種であり、法律ではなかなかわからない人間関係や家族の問題に関して、裁判官のお手伝いをしています」

通常、家裁《かさい》における非行少年に対する処遇《しょぐう》には、少年院送致《そうち》、保護観察、不処分、審判不開始がありますが、それらの処遇を決める前に、しばらく「様子を見る」という時間を置くことがあり、それを試験観察と呼んでいるそうです。その試験観察を担当するのが調査官で、「調査官にとっては、この試験観察というのが、ある意味ではいちばんやりがいのある仕事なんです。面接や観察等を通じて、その少年からなんらかの可能性を引きだせる、そういうことをかなり積極的にできるんです」とのことでした。

そこで、野村さんからは、そのことに関連して、次の質問が寄せられています。

「調査官による試験観察は、一般の心理療法の構造と異なり、限られた期間に、家裁が主体となって行うものです。しかし、面接関係が深まると、調査官と少年との信頼関係が築きあげられ、少年自身の問題にかかわりながら、非行の更生《こうせい》の援助を行うプロセスをたどっており、これは一般の心理療法にかなり通じる側面と思います。

ところが、試験観察の終結が少年に対して大きな影響を与えることがあるようです。調査官側では、少年の生活や気持ちの安定等を考えて試験観察の終結を予想し、その方向でオリエンテーションを行っていきます。

少年にとっては、家裁とのつながりが本来は早く切れたほうがいいわけですが、一方、せっかく築かれた調査官との信頼関係が、試験観察終結ということで失われることに対する不安が大きく、その後の行動に影響をおよぼすケースも考えられます。

家裁も裁判所ですので、少年非行を厳しく裁《さば》く父性的側面をもっている一方、少年の成長の援助を試験観察等の処遇を通じて行う母性的側面も兼ねそなえているように思います。そこで、試験観察の終結という点で、調査官が家裁のもつこのような側面を踏まえて、どのような基本姿勢をもって少年との面接に臨《のぞ》んだらいいでしょうか」

たしかに特殊と言えば特殊ですが、おのおの仕事をされている場所による制約はどなたも同じで、高石さんの場合なら大学、岡田さんであれば病院の小児科、橋本さんなら周産期《しゅうさんき》センター、箕輪さんは特定の会社、野村さんなら家庭裁判所ということで、みなさん、それぞれの制約の中で自分にできることをやっていくよりしかたがないわけです。

そして、そこで一つ一つ積み重ねた事例をもとに、たとえば、裁判官と話しあいをして試験観察の期間を延ばすことができるようにするとか、そういうふうにして少しずつ変えていくしかないでしょう。

家庭裁判所の調査官で言えば、野村さんのような方がずいぶんいろいろと頑張《がんば》って努力されてきたからこそ、裁判官にも理解されるようになり、いまのようなことができるようになってきたわけです。

以前なら「不良」のひとことで切り捨てられていた少年たちが、こうした調査官のはたらきによって救われていくというケースは、けっして少なくないはずです。「更生」という少年法の精神から言っても、これからはもっと重要視されてくると思うし、そうあらねばならない。

ただ、目下のところ野村さんのお仕事では時間的な制約がきつく、なかなかクライエントに対する十分なケアができないという悩みがあります。これには場所柄とか制度の問題も絡《から》んできますから、心理療法の部分ばかりを広げるわけにはいきませんが、調査官の判断がクライエントの将来に大きな影響をもたらす可能性もあるから、中途半端なものであっては困るわけです。

こうした広義《こうぎ》の意味での心理療法の場では、ほかの要素が重なってきて、どうしても制度の壁というものがつきまとってきます。

たとえば学生相談の場合、クライエントが四年たったら卒業するという時間的制約があり、この点については高石さんにお答えしました。

野村さんは、そうした制約の中でクライエントにどういう基本姿勢で臨んだらいいかを問うておられますが、一人のクライエントにばかりのめりこんでいたら、こちらの身がもたなくなりますから、前述のように、狭義《きょうぎ》の意味での枠組《わくぐ》みの考え方を取りいれて、けじめをつけていくことが重要になるでしょう。

期間設定療法といって、最初から三ヵ月なら三ヵ月と期間を限定して治療にあたるという手法もあります。人間には期間を限定したほうが集中できるところがあるし、そのほうがいい結果を導きだせるケースもあります。

ときには、あとを大学とか民間の心理療法家に託《たく》すことも必要になるでしょう。私も、調査官からの依頼で、そうしたクライエントに会うことがあります。いまのところ、そうした継続性については、まだ制度化されていませんが、これからはその意味での大学とか民間との連携《れんけい》も必要になると思います。

心理テストについて

「心理テスト結果を面接場面で少年に解説するとき、心がけることを教えてください」

これも野村さんからの質問です。

心理テストにもいろいろありますが、いずれにしても、テストをして、しっ放しというのがいちばんいけないことです。テストをしたなら、必ずその結果をなんらかのかたちで伝えねばなりません。

ただ、そのときに、どういうことを言うかというのは非常にむずかしい問題です。たとえ事実であっても、「テストの結果、あなたにはどうも分裂病の傾向があります」というようなことは、絶対に言うべきではないでしょう。

この問題については私もずいぶん考えましたが、同じことでも、言い方が二通りあると思います。たとえば、「独創的」と「ひとりよがり」とはよく似ています。変人も、見方を変えれば、異才とも言えます。日本語には、そういう言いかえの表現がたくさんありますから、できるだけそのうちのポジティブなほうを言うようにするわけです。

たとえば、「いやあ、ちょっとほかの人の思いつかないようなことを思いつくようなところがありますね」と言えばニュートラルな表現ですが、「あなたにはちょっとひとりよがりのところがありますね」と言ったら、相手を非難したことになります。

相手のほうから、「いいえ、私はひとりよがりなんです」と言ったら、「ああ、自分ではそう思われているんですか」と、その人の言ったほうについていく。これは、最初からこっちが「あなたはひとりよがりですね」と言ったのとはまったく違い、本人の反省的要素が入っています。

同じことを言うにも、なるべくニュートラルな言葉、ちょっとポジティブな言葉を使うのがコツです。それも、決めつけてはいけない。特定の価値観に結びついた言葉を断定的に言うのはよくありません。

だいいち、人とちょっと違う考えをもつ傾向があったとしても、こっちが神様でもない限り、それがいいか悪いかなどということはわからないはずです。

それから、その人が言ったおもしろいことをそのまま取りあげるという手法もあります。たとえば、「ここでこんなことを言う人は珍《めずら》しいんですが、あなたの場合はこんなこと言いましたね」と言うと、おもしろいもので、相手も必ず「ええ、私にはそういうところがあるんですよ」というようなことを言いだします。つまり、こちらが言ったことに対し、その人も自分で解釈をつけるわけで、このように、一つの材料を二人で一緒に見ているようなかたちで、だんだんと当人に自覚してもらうわけです。ただ一直線に解釈を言うのではなく、そういうこともできないといけないでしょう。

このようなことは、カウンセラーとクライエントの間だけでなく、一般の人間関係にも言えることで、あらゆる場で必要なことだと思います。とくに、気のきいたジョークは有効です。たとえば、「あなたは独創的ですね」と言って、相手が、「いやあ、それほどでもありません」と言ったら、すかさず、「ドクソウのソウは『走る』でしたかな。アハハハ……」とやる。このようにすれば、笑いの中で言いたいことをやんわりと伝えることができます。いきなり「あんたは身勝手な人だ」と言うのとは、相手に与える印象がまったく違います。

欧米の人はジョークがとても達者で、さまざまな場面で効果的な使い方をします。われわれ日本人もそういうところはもっと勉強していく必要があるでしょう。

少年事件と家族の問題

さらに野村さんは、少年犯罪について次のような問いかけをされています。

「世間を大きく騒がせるような少年非行が、最近目立ってきています。通常、少年事件で面接している少年たちは、身なり、容貌《ようぼう》など自由な格好をしてあらわれ、昔とずいぶん変わってきている印象はありますが、実際に面接してみると、大変純情な面が大いに感じられ、調査官の面接段階でも少年が非行について深く反省し、立ちなおっていく姿を経験します。多くの少年たちの実像は、このような姿と思います。

しかし、最近は、これまで予想もできなかった残虐《ざんぎゃく》な非行を犯し、マスコミで大きくあつかわれる少年があらわれてきています。これまで非行少年を理解するとき、その親子関係の問題が大きくかかわっていることを経験していますが、かつてはいなかったような非行少年は、このような理解だけでは限界があるように感じています。最近の特異な事件を起こす少年を、どのような機軸《きじく》で理解したらよいのでしょうか」

この問題は、若者の無気力とかアパシーの問題に通じるところがあるように思います。アメリカに比べたらはるかに少ないですけども、なんとなくやりきれなくなって、残虐なことをせざるをえない傾向が増えている感じがします。

これは、結局のところ、家族のあり方というものが基本にあるのではないでしょうか。

いま、日本の家族のあり方が急激に変わりつつあって、誰もがどうしたらいいかわからなくなっています。よく「日本は家族的」というようなことが言われますが、昔から日本の家族がほんとうに親密なものであったかどうかも、いま一度、考えてみる必要があります。

昔から、父親といつも対話していた人など、めったにいませんでした。おやじはただこわいだけの存在でしたし、家族旅行など、なにもしていませんでした。しかし、昔はそれでうまいことといっていたわけです。その、なんとなくうまいことといっていた状態を「一家団欒《いっかだんらん》」と称していただけで、「一家団欒」が文字どおり行われていたわけではありません。

昔はいまと違ってモノが少なかったですから、ことさら仲よくしようなどと言わなくても、みんなで分けあって食べていかざるをえませんでした。家にコタツが一つしかなかったから、みんな一緒に入らざるをえなかった。「家族の温かさを共有する」などという高邁《こうまい》なお題目《だいもく》を掲《かか》げなくても、なんとなく自然にそうなっていたし、そうせざるをえなかった。いまから考えると、そういうものが日常の生活の中にすべて入っていました。

じつは、昔にしても、父親と子ども、母親と子ども、あるいは夫と妻とが、ほんとうの個人としてつきあうということは日本ではほとんどなく、ただ、モノがないから、言わず語らずのうちに共有とか融合《ゆうごう》という状態の中で生きていくほかなかったわけです。そういう生き方で家族というのが構成されており、それがいわゆる日本の家族というものでした。

ところが、いまは子どもはエアコンのきいた個室をもっているし、自分の部屋には自分専用のテレビや電話がありますから、家族みんなで一つところにかたまっている必要がなくなりました。

ある外国人がエッセイに、「日本人のほうがよほどコジン主義だ」ということを書いていました(「コジン」とカタカナで書いていました)。なぜかというと、日本人は家族というものの味を知らないから、すぐバラバラになっていく。ところが欧米では、家族というものをすごく大事にしている。みんな個人を大事にして生きようと思っているけど、家族関係まで破壊しようと思っている人はいない。しかし、日本人は家族がバラバラになっているではないかというわけです。

実際、そのとおりで、基本的にはバラバラですから、ことさらとってつけたように一家団欒とか家族旅行とか言わざるをえなくなったわけです。

バラバラ家族のこれから

かつての日本の家族というのは、無言のうちにも圧力がかかっていました。「しがらみ」というものがあって、好きなこともできないところがありました。そういう中で欧米流の個人主義を実践し、自分が好きなことをしようと思ったら、家族から切れなければなりませんでした。そこで、そういう人は、しがらみを断ちきって家出をしたり、あるいは親のほうから勘当《かんどう》されて親子の縁を切られたりしました。太宰治《だざいおさむ》にしても、そういうかたちで故郷を飛びだしてきたわけです。ところが、家出をしてきた作家たちが「文壇《ぶんだん》」という「イエ」の代理家をつくってその中に安住《あんじゅう》することになります。

個人の意志を通そうとすると孤独になりますから、自我が確立していない人、つまり、それに耐えられない人は、しがらみの中で融合して暮らすよりしようがない。そうやって、暮らしてきたのが日本の家族の基本的な姿だったと思います。

日本人は会社などでも同じような形態でやってきました。会社がいわば一つの「イエ」のようになっていて、昼食も一緒、仕事が終わったあともみんなで一緒に飲みにいったりします。そして、飲みにいってみんなで和《なご》やかにやっているようなことは家庭にはもちこみませんから、子どもにとっては、おやじはただこわいだけの存在で、それも一つの圧力になっていました。そして、家の中には母親と子どもだけがいて、いわば下請《したうけ》作業みたいなことをやっていたわけです。

ところが、いまでは女性も外に出ていけるようになりましたから、パート先とか趣味のグループなど、女性もどこかに「イエ」をつくっている。だから、いまでは名実《めいじつ》ともに家族はバラバラの状態です。

そこで、子どもがふっと気がついて、自分には生きるよりどころがない、まったくの孤独だということがわかったら、あとはむちゃくちゃせざるをえないわけです。アメリカで孤独におちいった人が凶悪化《きょうあくか》してきた状況とすごくよく似てきたように思います。

西洋流の個人主義では、自我がきちんと確立していないと、深い孤独におちいることになります。昔の日本人はそういうことも経験的に知っていたと思います。

もともと自我がわりとあいまいな日本人に、西洋流の個人主義を導入しようとすること自体が無理なのです。西欧の個人主義は、キリスト教の倫理を背後にもって子どものころから責任感と家族の結びつきというものを徹底的にたたきこまれる中で形成されていくものですから、子どもが独立して親もとから離れていっても、なにかがあれば、なにはさておいてもみんなが集まってきます。

しかし、日本の家族の結びつきは漠然《ばくぜん》としたものですから、いったんバラバラになったら、もうもとには戻りません。西洋の個人主義は責任とか義務という概念に裏打ちされたものですが、日本の〝コジン〟主義にはそういう背景もありませんから、孤独になったら歯止めがきかなくなります。

そこで、「日本本来の家族関係に返れ」などと声高《こわだか》に叫んでも、返れるはずはありません。昔の家族は、なにも好きでそうしていたのではなく、言わず語らず、やむなくそうしていたわけですから、いったんそのタガがはずれたら、覆水《ふくすい》と同じで、もとには戻りません。そういうことを言う人に限って、自分の家がうまいことといっていません。

ですから、「返れ」ではなく、これから日本の家族のあり方を新たにつくっていくというくらい強い心がまえでないと、だめだと思います。モノがこんなに豊かにある時代の家族のあり方というものをほんとうに真剣に考えていかないと、こうした凶悪化の傾向はどんどんふくらんでいくでしょう。

児童虐待への取り組み

もう一つ、野村さんから質問が寄せられています。

「児童虐待が世間で大きく取りあげられている昨今、家裁の家事事件にも児童虐待が問題となる当事者のケースが目立ちはじめています。母親がわが子を虐待することを、どう理解したらよいのでしょうか。また、家裁では限られた期間に調査官がこの種の事件の調査を行うことがありますが、たとえ時間的制約があっても、このような母親に、母親らしさを回復してもらうため、どのようなことに気をつけて面接を進めたらよいのでしょうか」

児童虐待も、少年犯罪の凶悪化の延長線上にある現象だと思います。また、いろいろなシステムが簡便になりすぎたこととも関係あるような気がします。

たとえば、いまではボタンを押したらテレビの画面がパッと見えるし、ボタンを押してチンと鳴れば食べものもできる。洗濯も昔のようにゴシゴシやる必要はありません。汚《よご》れものを放りこんでボタンを押すだけです。なんでも簡単にできてしまう。

そういう育ち方をしてきた人が大人になり、自分の子どもをもつようになったとき、子育てもパッパッと簡単にできると思ってしまう。ところが、相手は機械ではありませんから、ボタン操作ではどうしようもないし、マニュアルどおりにもいきません。

しかも、自分の親との関係も断ちきれていますから、非常に孤独で、相談する人もいない。親としての自覚も、責任感もない。そういう歯止めがありませんから、わけがわからなくなったら、あとは狂暴化するしかなくなってしまいます。そこで、自分の思いどおりにならない子どもを叩《たた》いたり蹴《け》ったりしてしまうわけです。

人間関係というのは、自分だけではどうにもならないところにおもしろみがあるものですが、そのことに腹を立てだしたら、こんな腹の立つことはない。しかも、子どもというのは、ある意味では、親を試すようにいやなことをすることがありますから、そういうことがわかっていないと、ますます腹立たしくなります。

そういうときに、話し相手や相談相手でもいたら、「うちもそういうことがあるわ」とか、「昔はこうしたものよ」とかいうことで、腹立ちも緩和《かんわ》し、自然と対処法を身につけていけますが、いまはたった一人で孤独ですから、自分の思いどおりにいかなくなったり、わけがわからなくなったりしたら、カーッとなって、あとはプッツンです。そういうことがすごく増えています。

そこで、カウンセラーがそういう人に対する場合、「お母さん、あなたが悪い」とか、「もっと子どもを大切に」などと言っても意味がありません。もっと全体的なことがわかっていて、いまは日本全体が文化的にすごい時期をみんなで生きようとしているのだと思えば、対応の仕方も変わってきます。

先ほどの家族のあり方と同じで、もう一度、根本に返って考えなおす必要があるでしょう。そして、この場合も、昔に返れとか、真似《まね》ごとをやるのではなく、日本人全体でこれから新しい文化をつくっていくのだという気がまえで取り組む必要があるし、ことの重大さがわかってくれば、自然に本気にならざるをえないはずです。それには、まずそのことに気づくことが先決でしょう。そうなると、このような母親に対して、じっくりと腰を落ちつけて会う気が起こってきます。治療者の母性が大切になってくるのです。

ほんとうに心配な子ども

いま、家族関係の破綻《はたん》から、カウンセリングを受けに来る人が増えています。そういう人の中には、子どもというのは、うまく育てると反抗もせずに「いい子」になるものだと思っている人が少なくありません。

しかし、子どもというのは、ある時期になると反抗するのが当然なのです。それは自我が形成されてきていることをあらわしていますから、逆に、まったく反抗することなく、いつまでも親の言いなりになっている子どもがいるとしたら、私など、そちらのほうがむしろ心配になってきます。

ちょっとくらい暴《あば》れても当たり前ということを母親が知っていれば余裕ができるし、そうあわてることもありません。ところが、そういう余裕がないために、「うちの子どもは悪くなった」とか、「こんなに悪くなったのは自分の責任だ」とか言っておろおろしたり、泣いたりするから、よけいにおかしくなってしまうわけです。そんなときにも、「ああ、ちょっとやってるな」くらいに思っていれば、今度は子どものほうが自分で考えるようになります。

いまはなんでも便利にやれると思いすぎているところがありますが、ボタン操作のものは、できるかできないかの二つしかありません。子育てもそれと同じように考えているから、ちょっとうまくいかないだけで、全部がだめになったかのように思いこんでしまう。そうすると、わけがわからなくなって、怒鳴ったり叩いたりしてしまうわけです。

たしかに、チンと鳴ったらできてしまうわけですから、無理もないと思いますが、せめて人間と機械の区別くらいつくようにならないと、困るのではないでしょうか。

心身症へのアプローチ

平松清志《ひらまつきよし》さんは小学校の先生をされていたことがあり、現在は山陽学園短期大学の助教授として、箱庭《はこにわ》を中心に心理療法をされていますが、ここでは心身症のことを問題にしています。

「日本心身医学会では、心身症について、『心身症とは、身体疾患のなかで、その発症や経過に社会心理的因子が密接に関連し、器質的《きしつてき》ないし機能的障害が認められる病態《びょうたい》をいう。ただし、神経症やうつ病など、他の精神障害に伴う身体症状は除外する』(一九九一)と定義しています。しかし、心身症者と出会うとき、その病《やまい》のあり方は、その人の生き方ともかかわる深い問題を内《ない》包《ほう》していると思われる場合があります。河合先生は、心身症という病のあり方を、どのように考え、とらえておられるのでしょうか」

実際に心身症の定義は非常にむずかしいものです。「心身症は心の問題」と言う人がいますが、少なくとも身体に疾患《しっかん》があらわれているわけですから、そう簡単には言えません。どっちが原因とか結果ということも言えないと思います。

よく、「ちょっと仕事がきつすぎてストレスが多すぎる。ストレスを減らすようにしなさい」などというカウンセラーがいますが、先にもふれたように、仕事が多いからストレスもきつくなるというのはきわめて単純な発想です。とくに昨今のリストラばやりのご時世では、仕事がないことがストレスになっている人もずいぶんいます。仕事がなくなればストレスもなくなるというのであれば、そういう人には最初からストレスなどないことになります。

だから、「仕事をやめて、少し休みなさい」と誰に対しても言うのは問題です。仕事が多いときはたしかに疲れますが、それがストレスになっているかどうかは、そう簡単には言えません。私など、十日も仕事を休んでいたら、それこそストレスのかたまりになってしまいます。私にストレスをかけようとしたら、私から仕事を取りあげてしまえばいいでしょう。

その意味では、人間のストレスというものは、平松さんも書いておられるように、その人の生き方全体にかかわってくることなのです。簡単に「原因」がわかるものではない、心身症をそういう観点からとらえることも必要でしょう。

たとえば、喘息《ぜんそく》のような症状が出ている人に対して、「あなたの生き方が問題だ」とは簡単には言えないかもしれませんが、不思議なことに、その人の夢分析をしていたり、箱庭をつくってもらったりしていると、そうした心身症の症状が消える場合があります。平松さんも心理療法の中でそういうケースを何度も体験されているはずです。

これから心身症がさらに増えてくるものと思われます。もちろん、それですべて解決するというわけではありませんが、その意味では、平松さんのようなアプローチの仕方がますます大切になってくるのではないかと思います。

イメージの世界を使って

平松さんは続けて問いかけられます。

「感情や内的体験を言語化することが苦手である（アレキシシミア）と言われている心身症者を心理療法に導入することは、一般的には容易でないとされています。心身症という病のあり方を踏まえた、心身症の心理療法の心得について、ご教示をお願いします」

前述のように原因とか結果とかにあまりとらわれすぎないで、むしろ箱庭とか夢など、イメージの世界でやったほうが有効だと思いますが、心身症にもいろいろあって、ときには、夢とか箱庭などのイメージの世界に、こわがってなかなか入ろうとしないケースもあります。アレキシシミアというのは、むしろイメージの世界へ入らないのが特徴と言われているくらいで、無理にそういう世界に入れようとするのは危険です。

「そんなもの、したくない」と言われればそれまでですから、「では、箱庭をしたくなったら、言ってください」と言って、通常のカウンセリングに切りかえることにします。

箱庭療法と言語

さらに平松さんの質問は続きます。

「箱庭療法では、治療的人間関係に支えられた場で箱庭作品をつくることによる『象徴体験』（カルフ、一九六六）が大切であるとされています。この場合、必ずしもその体験を言語化することがなくても、クライエントに洞察《どうさつ》や心理的成長が生じることが知られています。しかし、だからといって、逆に、箱庭作品に対する言語的説明はまったく無意味であるということではなく、クライエントが言語化することができる場合には、その言語化された内容の中に、面接によって生じた象徴体験のなにがしかが含まれていると考えられます。この『象徴体験』ということをわかりやすく説明すると、人間の心の中に起こるはたらきとしては、いったいどのようなことが起こっていることを指しているのでしょうか。また、箱庭療法面接における言語的表現（面接者、クライエント双方《そうほう》の言語化）の意義とその留意点について、ご教示をお願いします」

人間がいま生きているためには、心臓も動いているし、細胞もみんな活動しているわけですが、ふだん、私たちはそのことを意識していません。私たちを支えている生命力のほとんどは意識してないけれども、みんな動いている。考えてみれば、これはとても不思議なことだと思います。

私たちが目の前でなにかを見ていても、それのどれくらいを見ているか、実際のところはわかりません。たとえば木を見ていても、それはそのもののほんの一部にすぎず、そのほんの一端《いったん》を見て、ただ「木」と言っているだけなのです。

人間が体験していることも同じで、箱庭をやっている場合も、見た目にはただ部品を置いているだけですが、私たちには見えていない部分では、きっと非常に多くのことが動いているに違いありません。そうでないと、クライエントが箱庭を置いているだけで変わっていくということの説明がつきません。

そこで問題は、カウンセリングを研究する上では、そこのところをどう表現していくかということになります。

自分が意識化できることは言語化できます。私たちはそれを言語化しながら記憶し、統合し、その体験によってお互いに人とつきあっているわけです。だから、言語化という作業は、たんに研究論文にして発表するためだけでなく、私たちが生きていく上でもとても大切なことです。だから、もっと深いこともかかわっているのだろうけれど、はっきりとは意識できないというものも、ある段階では可能な限り言語化していくことが必要です。しかし、あまり言語化を焦《あせ》りすぎると、どうしても上滑《うわすべ》りになって、深い部分が捨てられてしまいます。したがって、言語化する場合にも、どの程度まで表現できているかということをいつもわきまえていなければならないでしょう。あるいは、それをいつ、どのように表現するかということも重要です。私たちの言語表現能力には限界がありますから、実際の体験、実際に起こっていることのほんの一部しか表現することはできないはずですが、いったん言語化されると、あたかもそれがすべてであるかのような錯覚を招きがちです。だから、つねにそういうことを踏まえていないと、大きな間違いをおかすことになります。

また、言語化することにあまりこだわりすぎると、それよりずっと大事であるはずの、その人が生きていること自体のほうがおろそかになってしまいます。

もっとも大事なのは、その人がいかに生きているかということであり、カウンセラーにとってもっとも重要な仕事は、その場をどう提供していくかということです。

言語化も必要ですが、つねに基本線を逸脱《いつだつ》しないように心がけることが大切でしょう。

自分の内に目がいく人、外を向く人

渡辺雄三《わたなべゆうぞう》さんはもともと大学の工学部にいたのをやめて、精神病院に勤務しながら心理療法を独学で学ばれ、臨床心理士の資格ももち、いまでは心理療法家として個人開業しておられるという方です。とくに夢分析を中心に心理療法を実践されているため、やはりその方面に関係した質問を寄せられています。

「エリートのサラリーマンなど現実世界で外向的に忙しく働いている人たちの多くが、夢分析の場でも、ほとんど夢を見ないか、見てもとても現実的な単純な夢しか見ないようですが、これはどのような心のはたらきなのでしょうか」

外向的に忙しく働いている人は、夢を見ないのではなく、あまり夢を覚えていないということです。それは、夢をすべて覚えたりしていたのでは、ほかのことができなくなってしまうからです。外でバリバリやっている人の夢には、その人の盲点とか裏側が出てきますから、それをいちいち覚えていて、あれこれ考えていたら日常生活ができなくなります。そこで心のはたらきとして、そういうのをほとんど忘れてしまうわけです。だから、これはむしろ当たり前と言っていいでしょう。

それから、このごろ私はよく考えるのですが、どうも人間には内側を見るほうが好きな人と、外を見るのが好きな人とがいるような気がします。自分の内側を見る傾向がある人は夢で考えるし、自分の視点が外の世界に向いている人は、現実の中で考えるということではないでしょうか。したがって、夢を見るかどうかということを、それほど深く考える必要はないのではないかという気もします。

後者の人が、現実の中で、あいつは嫌いだとか、あそこにはこんなうまいものがあるとかいう話も、夢を聴くように聴いていたらいいし、夢を聴くときでも、現実のように聴いていたらいいのではないかと思ったりしています。もちろん、夢と現実が同じとまでは言いきれないでしょうが、そういう要素もあるような気がします。

夢を見られないとき

次に、「先の質問に関連して、夢を見ない（夢を見られない）ことと抑うつ状態との関連性をどのようにお考えでしょうか」ということですが、夢を見ないことと抑うつがどのくらい関係しているか、実際のところ、私にはよくわかりません。

抑うつ状態でも夢を見る人は見るし、ただ、抑うつ状態にあるからその夢を覚えられないということも言えます。実際、抑うつの状態が深刻になったら心がはたらきませんから、覚えられないでしょう。

やはり、誰でも夢は見ているけど、それを覚えているか、覚えていないかの違いが大きいような気がします。

また、渡辺さんは、こんな質問も寄せられています。

「半分冗談の質問ですが、夢を上手に（たくさん）見るよい方法があるでしょうか」

これも、見た夢をよく覚えているにはどうしたらいいかというように言いかえて考えてみると、外的にすごく忙しくなってくるとなかなか覚えていられませんから、ときどき仕事のことをすべて忘れて、ゆっくり休息をとるようにしたらいいのではないでしょうか。

私は、ふだん忙しくしているときにはほとんど夢を覚えていませんが、スイスへ行ってもう一度、分析を受けてみようかなと思っていると、不思議と夢をよく覚えているものです。それは、ちょっと外的なことを捨てているからでしょう。外のこともいろいろやりながら、さらに夢も見よう（覚えていよう）というのは、なかなかむずかしい感じがします。

渡辺さんの最後の質問は、傑作《けっさく》です。

「ちょっと厄介《やっかい》な質問ですが、夢は、一体、誰がつくっているのでしょうか」

もちろんその人の心がつくっているのでしょうが、考えてみたら、たしかに夢とはじつに不思議なものです。こんなわけがわからなくて、しかもおもしろいものはないでしょう。しかも、夢では、とても自分の夢とは思えないくらい、途方もないことが起こります。たとえば、夢の中では殺人もするし、ときには殺されて死んだりすることさえあります。

うちの庭に蝶《ちょう》が飛んできたときに、「ああ、きれいなチョウチョだ」とは思うけど、あれを「ぼくのチョウチョだ」とは言いません。夢もそれと同じではないかという気がします。つまり、あらわれてきたものを見るだけであって、自分が見たことは事実ですが、それを自分の夢と言えるのかどうか、ほんとうに自分の心がつくっているのかどうかさえ、はなはだ疑問に感じてしまいます。

いずれにせよ、夢によって私たちは人生を二倍も三倍も楽しませてもらえるわけですから、大いに感謝しなければならないでしょう。

初心者とベテランの違いは？

北海道教育大学の助教授で、学生相談もされている徳田完二《とくだかんじ》さんは、心理療法家の発達とか進歩についての質問をくださいました。

「治療者は治療経験の積み重ねを通してしだいに（初心、中堅《ちゅうけん》、老練《ろうれん》というように）変化していきますが、それには、治療経験の量や質だけでなく、治療者の加齢あるいは心理的発達、さらには治療者自身の個人的問題の変容などの問題がかかわっていると考えられます。

また、ある治療者の理論が後年になるほど『進歩』したものになっていくとは必ずしも言えないでしょう。治療者としての力量もまた同じではないでしょうか。それゆえ、治療者の変化は、よりよい治療者へと単純に成長していくようなものであるよりは、変化のどの段階にもそれなりの（その段階特有の）価値を有しつつ、なんらかの方向に向かっていくようなものではないかと思われます。そのようなことを念頭に置きつつ、次の点についておうかがいしたいと思います。

ある程度の普遍性をもった『治療者の発達段階』といったようなものが考えられるのかどうかご教示ください」

徳田さんは、広島大学時代から通算すると、十五年ほど学生相談にたずさわってこられたとのことですから、ご自身でかなりの変化を体験されてきたと思います。その変化が、はたして進歩とか発達と言えるものなのだろうかと疑問を感ずるのは、私たちが自分の資質につねに疑問を抱くのと同じことだと思います。

私たちの仕事、あるいはクライエントに対しても、ある程度の発達段階ということは言えますが、それは必ずしも絶対ではないと思います。そこを誤解する人が多いのですが、心理療法家というのは、ただ長くやっていれば自然に進歩し、発達するというものではありません。

たしかに、初心者と中堅と老練者とでは、平均的に見れば、必ず違ってきます。かといって、初心者ではだめかというと、けっしてそんなことはない。むしろ、「ビギナーズ・ラック」という言葉もあるくらいで、初心者のときのほうがうまくできる場合もあります。

心理療法家になって最初に担当したケースは誰でも忘れがたいものですが、最初にすごくむずかしいケースに遭遇《そうぐう》しても、けっこううまくやり遂げる場合が多い。それは全エネルギーをそこに集中しているからです。中堅で中だるみした人より、初心者のほうがうまいということもあるわけです。では、初心者がいつもうまいかというと、もちろん、そんなことはありません。

だから、平均的に言えば、このくらいの経験を積んだ人なら、このくらいはできるだろうという意味での目安はあるかもしれませんが、それがいつコロッと変わるかもわからない。つまり、自分は熟練者であると思って慢心《まんしん》したら、いっぺんに初心者よりだめになります。とくに自信満々の人は絶対にだめです。人の心に対して自信満々になりうるはずがない。自信満々になったら終わりです。

では、なにをもって中堅とか老練とか言うかということですが、これはやはり経験を積むしかないでしょう。できるだけ多くのケースに取り組むことで、臨機応変《りんきおうへん》の力や勘《かん》も養われます。初心者でも特定のケースで思わぬ力を発揮することがありますが、いつでもプロとしての平均した力を発揮できるようになるには、やはりできるだけ良好なコンディションで、より多くの場数を踏むことです。そして、その経験をしっかりと自分のものにしているかどうかが大切です。

天性の才能のほかに、努力の経験が大切です。よく自分は何千人もの人と会ってきたと自慢する心理療法家がいますが、たくさんの人と会っているわりには、いつまでも初心者レベルの人もいます。これは、芸事でもスポーツでもみんな同じだと思います。

いわゆる中堅ともなれば、それなりの職業的な勘をもっていて、クライエントと会った初日に、これはこうなるだろうという予測を立てたりしますが、それを絶対的なものと考えると、必ず失敗します。人間一人一人がもっている心理というのは、そんなに図式的でもなければ、単純でもありません。

だから、徳田さんの「ある治療者の理論が後年になるほど『進歩』したものになっていくとは必ずしも言えないでしょう」との指摘はそのとおりです。だから、私たちの世界では、進歩とか発達ということが言えるかどうかという疑問がずっとつきまとうわけです。

私にとってのユングの存在

何度も自分の資質に懐疑的《かいぎてき》になることはあっても、一本の筋だけはずっと通っているもので、私の場合、それはユングの理論です。これまでにも、壁にぶち当たることはあっても、「もうユングではやっていけないのではないか」と思ったことはありません。

よき心理療法家であるということがもっとも大事で、ユング派か何派かというのは二義的な問題ですが、それにしても、私にとってユングというのは偉大です。ユングに出会わなかったら、いまの私はなかったと思います。

しかも、不思議なのは、自分からユングを求めていったわけではなく、いくつもの偶然が重なって、気がついたらユング派の分析家になっていたわけです。ここまで偶然が重なったら、必然というほかないような気もします。

ユングの療法や人生については、私自身も著書を書いていますし、ほかにも有益な参考書がたくさん出ていますから、興味がある人はそちらを読んでいただきたいと思いますが、自分でユングがだめだと思うようになったらそのことを明確にしなくてはなりません。なぜだめなのか、それにかわるものがあるのか、など。

たしかにユングは天才で、すごい存在ですが、ただ、ユングが絶対というのではありません。それとぶつかることによって、私はまだ大いに意味を引きだせるということです。

もちろん、ユングに批判的な心理療法家もいますが、これは芸術の世界と同じで、「ピカソのは絵じゃない」と言う人もいます。ゴッホの絵は生前にはほとんど売れませんでした。人間の心理はみんな同じではありませんし、クライエントの性格も違えば、訴えもみんなそれぞれに違いますから、いろいろなアプローチの方法がありえます。

ですから、徳田さんの質問にある「普遍性をもった『治療者の発達段階』といったようなものが考えられるか」ということになるとかなりむずかしいと思います。言えるのはあくまでも「平均的に」ということです。

自分は進歩したい、自分の目標をもちたいと思うと、たしかに普遍的な到達点があるほうがわかりやすい。そのため、ついそう考えたくなりますが、実際のところはむずかしい問題だと思います。しかし、だからといって、発達とか進歩ということを考えないほうがいいというわけではありません。それは自分なりにずっと考えてないといけませんし、私も考えています。しかし、「普遍的」ということになると、そう簡単には言えません。心理療法家には、級とか段があるわけではないし、勝負ごとの世界と違って、成果を計量化することはできません。

向き不向きや相性について

心理療法家として一本立ちしようと思ったら、最低でも十年はかかるでしょう。それまでにも仕事はできますが、指導者つきでないとむずかしいでしょう。そして、どの指導者につくかによって、ずいぶん変わってきます。それだけに、いい指導者を探すことが大切になります。お医者さんの場合、かなり技術的な要素がありますが、心理療法の場合、本質は禅の世界に近いのではないかとさえ思います。

とりわけ禅の世界では師匠《ししょう》の存在が重要な意味をもっていて、禅を修めることができるかどうかは、師匠が見つかるかどうかで決まるとも言われます。私の場合、この世界についてはなにも事情を知らないまま、結果的にいい師匠にめぐりあっていたということになりますが、いまでは当時とは比べものにならないくらい、いろいろな理論や手法があります。それだけに、自分がめざすところに見合った師匠を探すことに努力が必要ですが、これはとても大事なことです。

これはと思う師匠に近づく方法も、大学の研究室に行ったり、個人的に会ったりと、みなさん、それぞれに苦労しているようです。私がスイスのユング研究所へ行ったときには、マイヤー先生をはじめ、何人かのリストがあって、その中から七人とか八人とかを順番に訪ねていき、この人だと思う先生につくわけですが、でも、向こうから、「おまえなんか受けつけない」と言われたらそれまでです。

たとえば、ドイツの有名な哲学者カール・ヤスパースは、フロイトの分析を受けようとするのですが、断られてしまう。そこでヤスパースは怒って、それ以後、さかんにフロイトの悪口を書くようになります。師匠をめぐっては、このような悲喜劇がたくさんありますし、私自身、私のところにやってきた若い人に対し、「君は心理療法には向かないからやめたほうがいい」とアドバイスしたことも何度かあります。

中には、この人が心理療法をやりだしたら危険だなと思われる人もいます。とくに、人を治《なお》して自分の名誉にしようと思っている人は絶対に危険です。「治してやる」とか、「治してやった」とか、そういう気持ちが強い人は、やめたほうがいい。ほかに、そういう性格に合った職業がたくさんあります。商売で頑張って儲《もう》けても誰も文句は言いませんが、儲けようと思って心理療法をやられたのではたまりません。

心理療法をやりたいという人の中にも、人の気持ちがわからない人がけっこういます。そういう人が心理療法家になっても、クライエントはだんだん寄りつかなくなるでしょう。クライエントのほうが心理療法家を選んでくれますし、ごまかしはききません。自分が分析を受ける側にまわったら、このことはよくわかります。

受ける側から言うと、目の前の心理療法家が自分には合っていないと思ったら、かえても差し支えありません。だから私は初回の面接のとき、クライエントに必ず、「相性が悪いと思ったら申し出てください」と伝えます。それは、心理療法家が下手とか未熟とか悪いとかいうことではなく、相性も重要なのです。お金を払うのはクライエントですから、なにも我慢《がまん》する必要はありません。

相性の問題で、私のところからよそに移っていったクライエントもいるし、ほかから私のところに移ってきたクライエントもいます。相性というと、なんとなくいい加減な判断のように受けとられがちですが、けっしてそんなことはなく、相性に関してはもっと研究されてもいいし、究明すべき点が隠されているような気がします。

ただ、やめたくなるほど苦しいところを通ることなしに治ることはないというのも事実です。自分が変わるときには、苦しいものです。苦しいときには、相手のせいにしたがり、「この先生はだめだ」と思いがちですし、先生をかえたいと思うのも当たり前です。

しかし、われわれからしたら、クライエントがそういう気持ちになったときには、一つの進歩であり、成長の契機《けいき》でもあるわけです。ほんとうに相性が合わないのか、成長の苦しみによることなのかは、経験を積めばわかるようになります。また、心理療法家に対して、「あんたはだめじゃないか」と言うことによって成長するクライエントもいます。

中には、行く先々でいやになって、何人かの心理療法家の間をグルグルとまわっている人もいますが、これは自分で乗り越えられない人です。そういうタイプの人はすぐにわかりますから、こちらもそのつもりで会うようにします。たとえば、こちらから、「もうそろそろ他の人にかわりたくなってきたでしょう。いやになったら、やめてよそへ行ってもいいですよ」などと、相手の痛いところをグサッと言ってあげる。

しかし、こういう言葉は、いつ、どこで言うかがすごくむずかしい。下手に言うと喧嘩《けんか》になります。日本人には以心伝心とか、あうんの呼吸など、特有の感性がありますが、それだけによけいに、言語化が不得手《ふえて》という面もあります。しかし、これはどこかでしなければならないことですから、習得しておく必要があります。

言語化するときには、専門語を使っても用をなしません。自分の前にいる相手に通じる言葉を使わなければなりません。また、ある人に、「あんた、そろそろやめたくなっただろう」と言ってうまくいったからといって、別の人にも同じやり方をしていたのでは失敗します。

そのあたりが私たちの仕事のむずかしいところであり、かつ、おもしろいところでもあるわけです。

医学のほうは、身体のことをあつかっている限り、そうとうに客観的なことが言えます。ところが最近は、インフォームド・コンセント（告知にもとづく同意）の問題など、しだいに人間関係的な要素が入るようなことになってきました。だから、お医者さんの世界も変わろうと努力しているところです。そうなると、われわれのやっている仕事も重要性を増してきます。だから、このごろはお医者さんから講義や講演を依頼されることが多くなりました。

たとえば、糖尿病の患者なら、食餌《しょくじ》療法や運動療法がいいということはわかっている。しかし、医者がそう言っても患者さんが言うことを聞いてくれないからどうしたらいいか、というような相談を受けます。お医者さん自身、そういうことで悩んでいるようです。だから、近年は心理療法家を置く病院も増えてきました。

いつも新しい発見の連続

「個人と集団の立場の相違からか、心理療法は教育の場である学校になじみにくい要素が見られます。中でも事例研究の定着が弱く、個別で特殊なケースの研究は効率が低いといった偏見もあるようです。個別から普遍にいたる事例研究の大切さについて、具体的に教えてください」

高知で箱庭療法を中心に心理療法をやっておられる高野《たかの》祥子《さがこ》さんからの質問です。

自然科学的な考え方では、個々の事例はあまり大きな意味をもちません。いかなる場合にも同じ結果が出なければ、科学的で普遍的事実とは認定されません。

しかし、人間の心が関係していることでは、個々の事例こそが中心テーマであって、むしろ自然科学的なとらえ方こそ、役に立たないことが多いものです。人間の心にとって、こうすれば必ずこうなるという法則はありませんから、私たちはいつも個々の事例に対処していかなければならず、したがって、カウンセリングは新しい発見の連続ということも言えるわけです。

一人一人みんな違う

人間の心のあり方には全般に共通するものがあることも事実で、ある意味では普遍性をもっているとも言えます。しかし、自然科学的な普遍性とはやや性格が違います。物質をあつかう場合は一般化が可能ですが、私たちは人間の心は一人一人違うということを前提にやっていますから、そこを混同してはならないでしょう。

欧米人は、自然科学を自分たちで生みだしただけに、その限界やこわさをよく知っていますが、日本人はあとからその成果だけをもらってきましたから、そのあたりの意識がわりと稀薄《きはく》で、自然科学ならなんでも正しいとか、それがもっとも正しいという思いこみが、欧米人より強いように思われます。

ただ、多くの事例を積みあげていくと、そこに一つの傾向のようなものがあらわれてくることがあり、それを今後のカウンセリングやセラピーをする上での目安にすることができます。だから、事例研究も欠かすわけにはいきません。経験から身についた勘も同じことだと思いますが、だからといって、人間の心に関する限り、いつでも必ずそうなるというものではありません。いつもそこのところをしっかりと踏まえておくことがかんじんです。
たとえば、私たちはよく不登校の子と会いますが、そのときに、「不登校は女子より男子のほうが多い」とか、「長男に多い」とかいうことがわかったからといって、あまり意味はないでしょう。

たった一つの事例でも、学校へ行かなかったA君がこんなふうに変わり、お父さんもお母さんもこんなに変わってきたという話を聴くだけで、いろいろなことがわかってきます。一つの事例を超えて、多くの事例にヒントを与えてくれるし、他の事例に取り組もうとする積極的な姿勢も生まれてきます。しかし、逆に、小学生の女の子に会っているときには、男子中学生の例を聞いても直接的にはなんの役にも立たないということもあります。

私など、そういうところがすごくおもしろいと思うからこそ、この仕事を続けているようなものですが、その点、最近の人たちは自然科学的思考にとらわれすぎているように思います。「こんな特殊な例を聴いてもどうしようもない。もっと一般的な答えを教えてください」というような言い方をして、みんな一般的なハウ・ツーをほしがっているようですが、ハウ・ツーでできるなら、日本中、いい子ばかりになっているはずです。少なくとも、心理学者と教育学者の子どもは、みんないい子になっているはずですが……。

人の心にかかわることは、個人個人でみんな違います。これからカウンセラーをめざす若い人たちに事例研究をする場合も、そういうことをわからせながらやっていくことがかんじんです。もっとも困るのは、ある事例研究を読んでいたく感激し、「あの方法がいちばん正しい」とか、「あれしかない」とか思ってしまうことです。これはよく起こっていることですが、末梢的《まっしょうてき》なところを普遍化するというのがいちばんこわい。微妙な人間の心をあつかうときには、よほど注意しなければなりません。

事例研究の意義は、そこに語られる個々の事実を超えて、他の事例に対しても多くのヒントを与えてくれたり、しっかり取り組んでいこうとする意欲を喚起《かんき》してくれる点にあります。一つの事例からじつに多くのことが学べるもので、心理療法の研究の中核に事例研究があると言っていいほどです。

河合隼雄

1928年、兵庫県に生まれる。京都大学理学部を卒業。臨床心理学者。京都大学名誉教授。文化庁長官。スイスのユング研究所に留学後、日本にユング派心理療法を確立した。

著書には『閉《と》ざされた心との対話』『心にある癒《いや》す力 治《なお》る力』『こどもはおもしろい』『心の深みへ』(以上、講談社)、『こころの生態系』(講談社+α新書)、『カウンセリングを語る㊤㊦』『ユングと心理療法』『日本人と心理療法』『母性社会日本の病理』『昔話の深層』『魂にメスはいらない』『日本人とアイデンティティ』『あなたが子どもだったころ』『明恵《みようえ》 夢を生きる』『青春の夢と遊び』『「老いる」とはどういうことか』『子どもの本を読む』『ファンタジーを読む』『ウソツキクラブ短信』『「子どもの目」からの発想』『対話する人間』『対話で探る「新しい科学」』『人が、つい とらわれる心の錯覚』(以上、講談社+α文庫)などがある。

講談社+α《プラスアルファ》新書 1-1 A

人《ひと》の心《こころ》はどこまでわかるか

河合隼雄《かわいはやお》

2000年3月1日第1刷発行
2003年4月30日第12刷発行

発行者——野間佐和子
発行所——株式会社 講談社
東京都文京区音羽2-12-21 〒112-8001
電話 出版部(03)5395-3722
販売部(03)5395-5817
業務部(03)5395-3615
装画——山本容子(「コンラと妖精の乙女」部分)
デザイン——鈴木成一デザイン室
カバー印刷——共同印刷株式会社
印刷——慶昌堂印刷株式会社
製本——株式会社若林製本工場

落丁本・乱丁本は購入書店名を明記のうえ、小社書籍業務部あてにお送りください。

送料は小社負担にてお取り替えします。

なお、この本の内容についてのお問い合わせは生活文化第二出版部あてにお願いいたします。

Printed in Japan ISBN4-06-272003-5 定価はカバーに表示してあります。

講談社＋α新書

書名	著者	内容	価格・番号
願いがかなう般若心経 262文字の生活指導書	大栗道榮	心を癒し元気がでる!! 面白い!! 幸せになる!! 身近な例話も豊富で、わかり易さ抜群の入門書	880円 128-1 A
一日一食 断食減量道	加藤寛一郎	肝機能がたちまち正常化。標準体重を確実に一〇〇%達成するヒコーキ博士のダイエット法!!	800円 129-1 B
平安の気象予報士 紫式部 『源氏物語』に隠された天気の科学	石井和子	驚くほどの気象情報が盛りこまれた『源氏物語』。古典をさらに面白く読むための、必読の一冊!!	800円 130-1 C
野鳥売買 メジロたちの悲劇	遠藤公男	輸入証明書とひきかえに中国産メジロは殺される!? 国際的な野鳥売買の驚くべきカラクリ!!	800円 131-1 D
急増する犯罪リスクと危機管理	小林弘忠	犯罪が増加しつづける一方で検挙率は史上最低を記録! 日本はもう「安全大国」ではない!!	780円 132-1 C
方言の日本地図 ことばの旅	真田信治	方言は日本語の原点!! 75の地図を駆使してわかり易く解説。日本語は決して一つではない!	780円 133-1 C
40歳からの元気食「何を食べないか」 10分間体内革命	幕内秀夫	忙しい現代人が日々の生活を変えずに、体を芯から変革する、超簡単・合理的食生活改善法!	780円 134-1 B
ラジオ歳時記 俳句は季語から	鷹羽狩行	NHKラジオ深夜便で放送中。月別に季語、秀句を挙げて簡明に解説。大きな字で読みやすい	780円 135-1 C
難読珍読 苗字の地図帳	丹羽基二	小鳥遊、一尺八寸、三方一所……といった難読名にもルーツが。苗字から古代の日本が見える	700円 136-1 C
一日一生 五十歳からの人生百歳プラン	松原泰道	95歳を超える達人が実践する50歳人生スタート法。般若心経の大家が語るイキイキ100歳計画	880円 137-1 D
北京大学 超エリートたちの日本論 衝撃の「歴史認識」	工藤俊一	中国が一目置く専門家が明かす中国支配層の本音! 日本人にわからない歴史認識の厚い壁!!	880円 138-1 C

表示価格はすべて本体価格（税別）です。本体価格は変更することがあります